DISCOURS ET LEÇONS

SUR

L'INDUSTRIE, LE COMMERCE,

LA MARINE,

ET SUR LES SCIENCES APPLIQUÉES AUX ARTS.

I.

PARIS. — IMPRIMERIE DE FAIN, RUE RACINE, N°. 4,
PLACE DE L'ODÉON.

DISCOURS ET LEÇONS

SUR

L'INDUSTRIE, LE COMMERCE,

LA MARINE,

ET SUR LES SCIENCES APPLIQUÉES AUX ARTS ;

PAR LE BARON **CHARLES DUPIN,**

Membre de l'Institut de France, Académie des Sciences; ex-Secrétaire de l'Académie Ionienne, Associé étranger de l'Institut de Naples, Associé honoraire de la Société royale d'Édinburgh, de l'Académie royale d'Irlande, de la Société des Ingénieurs civils de la Grande-Bretagne, et de la Société des arts utiles de l'Écosse, Membre des Académies royales des Sciences de Stockholm, de Turin, de Montpellier, etc., de la Société des arts de Genève, de la Société d'Encouragement pour l'Industrie française, Membre du Comité consultatif des Arts et Manufactures de France, Professeur de Méchanique au Conservatoire, Officier supérieur au corps du Génie maritime, Officier de la Légion-d'Honneur et Chevalier de Saint-Louis.

TOME PREMIER.

PARIS,

BACHELIER, LIBRAIRE, SUCCESSEUR DE Mme. V^e. COURCIER,

QUAI DES AUGUSTINS, N°. 55.

1825.

A

MON FRÈRE AINÉ,

ANDRÉ DUPIN,

(AVOCAT, DOCTEUR EN DROIT.

MON CHER FRÈRE,

Accepte, comme un nouveau gage de
notre amitié, la dédicace de cette collection de mes discours. Par bonheur pour
mes faibles moyens, en composant ces
discours, je n'avais point à traiter les
grands intérêts nationaux, et point à
conjurer des grands dangers personnels,
qui demandent une éloquence dont la

sublimité fait la gloire du véritable orateur; une éloquence que nos concitoyens
aiment à retrouver dans ces généreuses et
libres défenses des accusés, prononcées
par un avocat, jurisconsulte et publi-
ciste, auquel je voudrais donner ici mon
suffrage, s'il était permis de louer en
public ceux qui nous touchent de trop
près par les liens du sang.

Les sciences appliquées à l'industrie,
au commerce, à la navigation, à tous les
besoins de la société; tels sont les objets traités dans mes discours et dans les
leçons que j'ai faites, soit à Corcyre, soit
à Paris.

J'ai tâché d'exposer avec clarté les
nombreux avantages de l'instruction répandue, non pas seulement dans les
classes supérieures, mais surtout dans les
classes inférieures de la société.

J'étais mu par cette pensée, dès le premier discours que j'ai prononcé, il y a
dix-sept ans, en présence d'un auditoire,
élite du peuple grec; j'étais mu par cette
pensée, en prononçant, il y a huit jours,

le discours de clôture des leçons par lesquelles j'ai commencé, cette année, à professer la géométrie et la méchanique appliquées aux arts, en faveur de la classe ouvrière, au sein de la capitale de notre belle France.

Je désire avec ardeur qu'un pareil enseignement se propage, d'abord, dans nos grandes villes manufacturières et commerçantes; descende, par degrés, des cités du premier ordre à celles du second ordre; et passe, enfin, dans l'instruction commune aux moindres villes.

L'ouvrage que je publie maintenant portera, je l'espère, quelques amis du bien public à rendre ce service aux départements dans lesquels ils ont reçu le jour. S'il produit un tel résultat, ce sera le plus beau succès qu'il me soit possible d'espérer et de souhaiter.

Mon frère, puisses-tu retrouver partout, dans mes discours, ces principes de sagesse et de modération, cet amour de l'ordre et du bien, cet enthousiasme du grand et du beau, que les auteurs de

nos jours ont tâché de nous transmettre
par leurs conseils et leurs exemples. Puissent-ils eux-mêmes, dans les maximes
qui ont semblé ne pas déplaire, quand j'ai
prononcé mes discours, reconnaître les
préceptes que leur prudence et leur raison
gravaient en nos âmes, dès notre tendre
enfance.

Adieu, mon cher frère,

TON AMI,

CHARLES DUPIN.

Paris, 2 avril 1825.

INTRODUCTION.

Le premier volume de cette collection contient les discours que j'ai prononcés dans les séances publiques de l'académie ionienne, et dans celles de l'Institut de France ; le second volume contient ceux qui se rapportent à l'enseignement des sciences appliquées aux arts, enseignement établi près du conservatoire des arts et métiers.

Il y a deux discours prononcés dans les séances publiques de l'académie ionienne. En les composant, j'ai tâché de montrer les avantages d'une instruction publique appropriée aux besoins des sept isles et de toute la Grèce, où la plupart des arts utiles sont encore dans un état d'enfance. Sans offrir ici de plus grands détails au sujet de ces discours, il me suffit de renvoyer à l'avant-propos qui les précède.

J'ai cru devoir placer immédiatement après

ces discours, le programme d'un enseignement public et gratuit que les membres de
l'académie ionienne avaient ouvert à Corcyre,
et le programme des prix qui devaient être
décernés par cette académie, au retour de
chaque Olympiade.

Peut-être quelque jour, les Grecs, rendus à
l'indépendance, voudront reproduire un pareil
enseignement, et proposer de nouveau des prix
qu'ils décerneront dans les champs mêmes d'O-
lympie. Les Français seront fiers d'avoir eu la
première idée de ces nobles créations.

Passons aux discours prononcés dans les
séances publiques des quatre académies de
l'Institut de France, ou dans les séances de l'a-
cadémie des sciences. Le premier de tous a
pour but de montrer à quel degré les sciences
influent sur l'humanité des peuples, et sur
leur civilisation. J'ai voulu réfuter le sophisme
qu'un littérateur célèbre avait osé soutenir en
présence de toutes les académies de l'Institut,
pour déprécier les véritables avantages de la
science; sophisme d'autant plus dangereux, que

son auteur ayant mis en pratique des idées erronées, a fait rétrograder, dans les écoles publiques de la France, l'enseignement des connaissances positives, pour ouvrir un plus vaste champ aux études dont l'objet est de farder la pensée au lieu de la féconder.

Le discours qui suit et qui forme le quatrième de la collection, présente le tableau du progrès des sciences et des arts relatifs à la marine française, depuis la paix de 1814 jusqu'en 1820.

A l'époque où fut composé ce discours, la marine était le sujet des attaques inconsidérées d'une foule d'écrivains et d'orateurs, qui, se fondant sur les désastres des guerres récemment terminées, demandaient à grands cris que la France renonçât à voir flotter sur les mers son pavillon militaire et national. Ce discours a montré combien de talents divers, de connaissances profondes, d'efforts généreux et persévérants avaient caractérisé, même durant un petit nombre d'années, les travaux et le zèle des officiers de la marine française.

M. le baron Portal, alors ministre de la marine, frappé de l'ensemble des résultats offerts par un semblable tableau, voulut que ce discours fût réimprimé spécialement, pour être distribué à tous les membres de la chambre des pairs et de la chambre des députés, afin de détruire, dans l'esprit des législateurs, les empreintes fâcheuses que les déclamations dont nous avons parlé pouvaient avoir produites.

Parmi les travaux utiles à la navigation, cités dans l'historique du progrès de nos arts maritimes, se trouvaient au premier rang les grands et beaux perfectionnements apportés dans l'horlogerie par M. Bréguet, horloger de la marine et membre de l'académie des sciences. Trois ans plus tard, nous perdîmes cet homme de génie, non moins recommandable pour l'excellence de son caractère, que pour l'originalité, pour la fécondité de son talent. Je fus chargé de payer, sur la tombe de ce grand artiste, un premier tribut d'hommage et de regrets, au nom de l'académie des sciences. Tel est l'objet du cinquième discours de cette collection, discours où l'on trouvera l'expression sentie d'une douleur que le temps n'a pas éteinte, et non l'exposition des titres éminents et nombreux de M. Bréguet, à la reconnaissance du gouvernement, de l'industrie et des sciences.

Le sixième discours, que j'ai prononcé le 24 avril 1821, dans la séance générale des quatre académies de l'Institut royal de France, présente des considérations sur quelques avantages de l'industrie et des machines, soit en Angleterre, soit en France. J'ai voulu, dans ce discours, détruire des préjugés malheureusement fortifiés par l'autorité d'écrivains très-habiles et très-recommandables pour leur talent. J'ai cité beaucoup de faits à l'appui de mon opinion; mais c'est seulement trois ans plus tard, que les calculs officiels, recueillis et publiés par le parlement d'Angleterre, m'ont mis à même d'effacer jusqu'aux moindres traces des objections qui pouvaient être présentées contre l'utilité des machines, et contre les progrès de l'industrie.

Dans ce discours, j'ai tâché d'apprécier les

avantages retirés, par la société, de l'emploi des machines à vapeur; et de payer ainsi, au génie de James Watt, un tribut d'éloges fondé sur des faits et non sur de vaines paroles.

Dans la troisième partie de mes *Voyages, Force commerciale*, publiée au mois de mars 1824, j'avais exprimé le vœu de voir au sein de la Grande-Bretagne, ériger un monument digne des services rendus par ce grand artiste, à l'industrie et à la puissance de son pays.

Le 18 juin 1824, j'ai eu le bonheur d'assister à l'assemblée publique tenue pour ériger à James Watt un monument national, aux frais des hommes d'état, des savants, des artistes les plus célèbres de cette contrée. Profondément frappé par le spectacle d'une assemblée si majestueuse et par l'éloquence des orateurs qui l'ont rendue à jamais mémorable, j'ai recueilli les idées principales de leurs discours; j'en ai présenté l'ensemble, que j'ai fait précéder par des considérations générales sur les assemblées publiques, consacrées, en Angleterre, à des associations, à des souscriptions formées pour des objets d'utilité nationale.

Puisse le récit des bienfaits et de la gloire qui résulte, pour un peuple, de ces souscriptions, de ces associations, de ces assemblées, présenter un modèle que nos concitoyens s'empressent d'imiter; afin de payer toutes les dettes de notre reconnaissance nationale envers les grands bienfaiteurs de notre pays; afin d'ouvrir à notre patrie des sources nouvelles de félicité, de splendeur, de puissance, par des institutions que les citoyens auront volontairement formées, et qu'ils dirigeront de manière à satisfaire tous les besoins de notre état social!

Le septième discours a pour objet d'expliquer la véritable influence du commerce sur le savoir, sur la civilisation des peuples anciens, et sur leur force navale. Il montre les bienfaits que les progrès du savoir et de l'industrie des nations de l'ancien monde doivent aux peuples commerçants; aux Phéniciens d'abord; puis à leurs descendants, les Carthaginois; et surtout aux Grecs, qui nous ont donné des chefs-d'œuvre dans tous les genres, et des guides dans toutes les carrières.

J'ai voulu par ce discours, montrer sous son jour véritable, la puissance désastreuse et la gloire fatale du peuple romain; de ce peuple qui, partout, a détruit l'indépendance des nations et les germes de leurs prospérités; de ce peuple qui, après avoir établi son immense empire, l'a laissé dégénérer et devenir si faible, que des hordes sans industrie et sans lumières l'ont de toutes parts envahi.

J'ai fait suivre ce discours de quelques observations sur l'influence du commerce maritime, considéré dans ses rapports avec la force navale. Ces observations s'appliquent également aux victoires remportées par les Grecs, au temps des Aristide, des Thémistocle, des Cimon, ainsi qu'aux victoires récentes remportées sous les drapeaux et sous les pavillons des Bozzaris, des Nicétas et des Canaris.

Le huitième discours explique les avantages que la Grande-Bretagne a retirés de son commerce; il fait connaître comment les travaux publics, nécessaires à ce commerce, ont prospéré dans la Grande-Bretagne , par l'effet des associations qui se sont formées pour les produire.

Je me suis efforcé de montrer dans ce discours, combien les associations consacrées à de pareils travaux publics , à des ponts , à des routes, à des canaux, aux bassins des ports de mer, etc., servent puissamment pour rapprocher les hommes qui peuvent être divisés par des dissidences d'opinions, et par des haines de partis. J'ai présenté cet exemple à la France; comme un moyen de ramener la paix intérieure , la concorde, et tous les genres de prospérités. Nous avons déjà fait quelques pas dans cette carrière, espérons que nous y ferons des progrès de plus en plus marqués.

Tels sont les discours que j'ai prononcés dans les séances publiques de l'académie ionienne et de l'Institut de France; discours qui forment le premier volume de cette collection.

Le second volume présente d'abord l'introduction au premier cours de méchanique appliquée aux arts , que j'ai professé dès l'année 1820, lorsqu'on a commencé le nouvel enseignement du Conservatoire. Je me suis efforcé, dans ce discours, de faire voir quelle doit être l'alliance des connaissances théoriques et pratiques, chez les différentes classes de la société ; mais surtout chez les manufacturiers, les chefs d'atelier, et les simples ouvriers. J'ai montré l'avantage que peut trouver la société, soit dans les moyens de perfectionner l'intelligence et les sens des individus adonnés à l'industrie, soit dans les moyens d'ajouter à leurs forces physiques les forces de la nature mises en action, d'après des conditions variées, par les machines qui sont dues au génie de l'homme.

Le discours suivant, qui forme le dixième de la collection, explique les progrès des institutions relatives à l'industrie, depuis Charlemagne jusqu'à Louis XVI. On fait voir, dans ce discours, quels services ont été rendus à l'industrie, par Charles le Grand, Henri le Grand et Louis le Grand ; par saint Louis qui créa les corporations d'arts et métiers, quand ces corporations étaient un besoin public; et par Louis XVI qui les abolit, quand ces institutions, non-seulement avaient cessé d'être utiles, mais étaient devenues un fardeau pour l'industrie et un malheur pour les hommes de la classe industrielle.

Ce discours fut prononcé le jour où l'on faisait l'inauguration de l'amphithéâtre nouveau, destiné pour l'enseignement qu'avait créé M. le duc de Cazes, lorsqu'il était ministre de l'intérieur. Nous avons regardé comme un devoir de payer un tribut public et désintéressé de reconnaissance, à cet homme d'état, pour les services qu'il sut rendre à l'industrie, lorsqu'il dirigeait les affaires de la France.

En choisissant le sujet du onzième discours, prononcé pour la reprise de nos leçons, le 26 novembre 1823, peu après une magnifique exposition des produits de notre industrie nationale, il nous a semblé que nous offririons à nos élèves un tableau qui laisserait dans leur âme une impression profonde et qui développerait en eux une grande émulation, si nous parvenions à présenter l'historique des progrès les plus remarquables opérés dans les principales branches de cette même industrie, depuis la fin du siècle dernier. Nous avons particulièrement expliqué les progrès des arts relatifs au filage et au tissage de la laine, de la soie, du coton, du chanvre et du lin. Nous avons terminé par le résumé très-succinct du progrès des autres arts utiles, et du progrès des principaux services publics.

A la suite de ce discours nous croyons devoir reproduire une réfutation du rapport fait à la chambre des députés, par la commission du budget de 1825; rapport où l'on attaque vivement les écoles d'arts et métiers. Cette réfutation démontre les avantages sociaux d'un enseignement public dirigé vers l'industrie.

En 1824, lors de mon sixième voyage dans la Grande-Bretagne, j'avais été frappé des grands services que cette contrée commence à retirer d'un nouvel enseignement des sciences appliquées aux arts, en faveur de la classe ouvrière. Je

me suis proposé d'importer un semblable bienfait dans notre patrie, en professant, pour les
hommes de cette même classe, la géométrie et
la méchanique appliquées aux arts.

Au mois de novembre 1824, j'ai fait l'ouver-
verture d'un nouveau cours, le soir, à l'heure
où les ouvriers quittent leur travail, et je l'ai
continué jusqu'à la fin de mars 1825. Le succès
d'une telle épreuve a surpassé mes espérances.

Le douzième discours de la collection que je
publie maintenant, est l'introduction de ce
nouvel enseignement. Il est précédé d'un appel
aux anciens élèves de l'École Polytechnique,
dispersés sur tous les points de notre territoire. Je les invite à professer en faveur de la
classe ouvrière, dans les différentes villes où
ils se trouvent en résidence, des cours analogues à celui que je viens de terminer. Je présente ensuite un avis aux manufacturiers et
aux chefs d'ateliers, pour leur montrer combien il leur est utile de suivre eux-mêmes des
leçons de ce genre, et de les faire suivre par
leurs ouvriers. Dans le discours même, j'ai mon-

tré l'esprit général suivant lequel il me parait qu'on doit concevoir et régler un pareil enseignement.

Je suis revenu sur l'examen des nombreux et grands avantages de la méchanique, et spécialement des avantages que produit l'emploi des machines. Afin d'ajouter à l'autorité du raisonnement l'autorité des faits, j'ai cité les résultats officiels dont j'ai déjà parlé. Ces résultats font voir que, dans les comtés d'Angleterre spécialement adonnés à l'agriculture, la taxe des pauvres est plus que double, proportion gardée, de ce qu'elle est dans les comtés spécialement adonnés à l'industrie et célèbres par le nombre et la puissance de leurs machines.

J'ai donné, pour chaque leçon, un programme succinct ; il contient l'énonciation de tous les principes développés dans mon cours, et le sujet des applications qui servent à rendre sensibles ces principes, à montrer leur usage et leur fécondité. Ces programmes peuvent servir aux anciens élèves de l'école Polytechnique, s'ils veulent professer le même cours, sans attendre que j'aie publié le texte même des leçons. Tel est le motif pour lequel j'ai cru devoir reproduire ici tous ces programmes.

Après avoir achevé l'enseignement de la géométrie d'une part, de la méchanique de l'autre, j'ai résumé, dans le treizième discours, la première partie de cet enseignement, et dans le quatorzième, la deuxième partie.

En terminant le dernier discours j'ai tâché d'indiquer les résultats qu'a déjà produits le nouvel enseignement, qui paraît devoir se propager, non-seulement sur toutes les parties du territoire de la France, mais même en des contrées étrangères et lointaines, où le succès d'une pareille entreprise excite une vive émulation.

Je me propose, dès l'automne prochain, de recommencer, avec de nouveaux développemens, le cours que j'ai fait cette année. J'aurai surtout pour but de former des professeurs qui puissent d'abord répéter mes leçons, et les améliorer ensuite, dans nos principales cités manufacturières et commerçantes. J'invite lès jeunes gens qui voudront suivre cette carrière, à se préparer d'avance par des études actives et sérieuses, afin que leurs progrès soient plus prompts et plus sûrs.

J'invite aussi les cités à faire d'avance un sort aux professeurs qu'elles veulent obtenir. J'espère exciter une double émulation : d'une part, entre les candidats au professorat, pour mériter d'être appelés en des villes plus importantes; de l'autre part, entre les villes mêmes, pour les amener à des sacrifices qui leur méritent les professeurs les plus distingués par leur talent et par leur zèle.

- Je désire beaucoup qu'on lise avec attention le petit nombre de pages * consacrées au développement de ces propositions; elles terminent le dernier volume de cette collection.

* Voyez t. II, p. 584 et suivantes.

AVANT-PROPOS

DES DEUX DISCOURS PRONONCÉS DANS LES SÉANCES
PUBLIQUES DE L'ACADÉMIE IONIENNE.

Au moment où les Grecs sont appelés à de nouveaux destins, peut-être ne verra-t-on pas sans intérêt les efforts qu'avaient tentés quelques Français,
à l'époque de nos conquêtes, pour rappeler un
peuple malheureux, à la civilisation, à l'indépendance, à la grandeur d'âme qui firent la gloire de
ses ancêtres.

Quand, par suite des conventions de Tilsitt, nos
troupes occupèrent les îles Ioniennes, les officiers
et les administrateurs envoyés dans ces belles contrées se rapprochèrent avec empressement des
Grecs les plus éclairés, pour cultiver de concert
les sciences, les lettres et les arts. Les Français
arrivèrent dans les Sept-Iles vers la fin de 1807.
Dès le printemps de 1808, ils fondèrent l'*Académie
Ionienne*. Ils firent plus; ils ouvrirent dans le
local de l'académie, des cours gratuits * sur les

* Voyez le programme que nous donnons page 50.

mathématiques, la physique, la médecine, la jurisprudence, et la littérature grecque. Pour encourager la jeunesse, et l'exciter par une émulation généreuse, l'académie promit des prix annuels aux élèves qui se distingueraient dans leurs études. Ensuite elle proposa, pour les hommes faits, des *prix olympiadiques*, ainsi nommés parce qu'ils devaient être décernés au commencement de chaque nouvelle olympiade. Les prix olympiadiques, annoncés à l'Europe entière, étaient offerts aux littérateurs de toutes les tribus grecques, qui, dans l'ancienne langue hellénique ou dans le romaïque moderne, auraient traduit ou composé les plus beaux ouvrages.

Des obstacles sans nombre, et cette fatalité des événements qui mit un terme au succès de nos armes, ont traversé les desseins des fondateurs de l'Académie Ionienne, et n'ont pas permis que ces desseins obtinssent tout le succès qu'il était juste d'en attendre.

La noblesse gréco-vénitienne, accoutumée à faire élever ses enfants par des pédagogues italiens, ne voulait pas que ces rejetons privilégiés d'une race orgueilleuse fussent envoyés à nos cours publics, où ils auraient éprouvé l'affront d'être assis, sans distinction, près des fils du simple citoyen.

C'est, en grande partie, pour combattre un esprit aussi fatal à la régénération de la Grèce, que furent composés les deux discours suivants. Ils ne ressemblent guère à nos compositions académiques. On devra se rappeler, en lisant ces productions d'un auteur bien jeune alors, qu'elles n'étaient pas destinées à des auditeurs dont l'esprit cultivé eût besoin, pour être séduit, des touches gracieuses et pures d'un atticisme depuis long-temps disparu des contrées qui furent son berceau.

On aurait tort de chercher, dans ces deux morceaux, l'esprit délicat, l'art consommé, le poli parfait et l'élégance qu'on admire dans les écrits regardés, avec raison, comme les modèles du genre académique.

Mais, au milieu de l'état-major d'une armée française campée sur les confins de la Grèce, en présence de l'élite des habitants d'une contrée où la volonté dominante est de reconquérir les lumières, l'indépendance et la gloire de générations antiques et glorieuses, c'était avec de plus mâles accents et des mouvements plus hardis qu'il fallait attaquer ces grandes et nobles passions.

Si le lecteur veut partager l'impression produite

par les discours que nous publions maintenant, il doit se reporter à l'époque et dans la contrée où ils furent prononcés. Il doit songer que c'est dans le palais du sénat corcyréen, dans la capitale des Iles Ioniennes, dans la patrie d'Alcinoüs, que l'orateur fit entendre ses paroles. Il doit songer que, du lieu même où se trouvaient réunis les auditeurs, on découvre, par-dessus les montagnes de l'Épire et de l'Acarnanie, les sommités du Pinde et les lieux qu'ont illustrés les plus grands événements.

Tel est le site majestueux, tels sont les souvenirs et les espérances dont le lecteur doit remplir son imagination, s'il veut recevoir quelques impressions pareilles à celles qu'ont pu produire les deux discours suivants, et les programmes dont ils sont accompagnés.

RECUEIL DE DISCOURS

SUR

L'INDUSTRIE, LE COMMERCE,

LA MARINE ET LES SCIENCES.

PREMIER DISCOURS,

PRONONCÉ DANS LA SÉANCE D'INAUGURATION DE L'ACADÉMIE
IONIENNE, LE 17 JUILLET 1808,

SUR LA RÉGÉNÉRATION DE LA GRÈCE,

PAR LES PROGRÈS DES SCIENCES, DE L'INDUSTRIE
DE LA MARINE ET DU COMMERCE.

Sɪ l'histoire est pour nous un miroir fidèle qui dans les traits du passé nous réfléchit les traits de l'avenir, méditons sans relâche sur les tableaux qu'elle présente à nos regards. Dérobons à ses faits le secret de leurs causes. Partout où nous retrouverons ensuite ces mêmes causes en action, sachons prédire des événements pareils à ceux qu'elles ont déjà produits. Laissant enfin le rôle passif d'observateurs, faisons plus que prévoir les destinées des choses humaines; soumettons ces destinées à notre intelligence; effaçons-en tous les effets funestes, ajoutons-y tous les effets utiles, et préparons ainsi la prospérité de nos neveux par l'expérience des malheurs de nos ancêtres.

Penser au bonheur de ses semblables, c'est ajouter à son propre bonheur; c'est offrir à ses méditations le plus attrayant, le plus beau des sujets. Mais lorsque les hommes, sur lesquels viennent se fixer nos idées, sont les restes d'un peuple dont nous admirons la gloire, les vertus, et la sagesse; d'un peuple à qui nous devons la naissance de nos arts, de nos sciences, de nos lettres; une partie de notre langage, de nos coutumes, de nos mœurs; ce n'est plus seulement le sentiment d'une vague philanthropie qui nous anime; l'enthousiasme et la reconnaissance, ces besoins des âmes élevées, s'emparent de nous; un nouvel intérêt semble se répandre sur toutes les pensées qui se rapportent à de si beaux souvenirs; l'esprit humain s'élève par le spectacle des grandes actions et de leurs monuments, par l'exemple des grands hommes et de leurs entreprises; il mesure sa propre puissance sur les œuvres qui atteignent et reculent les limites de la raison et de l'imagination; et le sentiment de sa force appliquée au progrès, au bien-être de l'état social, est pour lui la plus vive, la plus pure des jouissances.

Eh! quelles nations, sous aucun de ces titres, furent jamais aussi dignes d'amour et d'admiration, que ces républiques illustres, elles qu'on n'a vues faibles que dans leurs moyens physiques; mais qui dans tout le reste se sont montrées grandes et puissantes? Quels peuples enfin, parmi nos contemporains, auraient plus de droits à notre reconnaissance, que la postérité de ces peuples fameux! Que nos veilles, que nos travaux soient donc consacrés aux modernes enfants de la Grèce. Puissent-ils retrouver la gloire et la félicité que depuis tant de siècles ils ont perdues!...

Pour les guider vers ce but si digne de leurs efforts, suivons la marche que la saine raison nous a tracée. Demandons à l'histoire les lumières qu'elle peut nous fournir, et soyons dociles à ses enseignements. Les nations européennes croupissaient encore dans l'ignorance et dans la barbarie, lorsque la Grèce était déjà devenue le sanctuaire élégant et sublime du goût, du savoir et du génie. Aux arts utiles de l'Égypte et de la Phénicie, elle avait ajouté tous les trésors des beaux-arts. Elle avait élevé, ennobli son langage harmonieux, en consacrut sa poésie aux dieux et aux héros, en consacrant les écrits de ses sages à la recherche de la philosophie, à l'étude de la nature, aux méditations des sciences. Elle avait à la fois civilisé ses peuples, en épurant leurs vertus; embelli le cours de la vie, sans amollir les courages; développé le goût, fertilisé les esprits, diversifié dans tous les genres, les études et les succès. Elle avait, enfin, agrandi toutes les âmes, en les élevant au-dessus d'elles-mêmes. Telle fut la Grèce au temps de ses beaux jours.

Que si l'on me demande quels effets ont produit sur l'état politique, ces progrès, ces triomphes intellectuels et moraux? je dirai seulement : les Grecs, réduits à leurs seules forces, ont triomphé des entreprises de l'Asie toute entière armée pour les détruire; ils ont poursuivi le monarque de cette grande partie de l'Univers, jusqu'au fond de ses vastes domaines; une poignée de leurs guerriers l'a précipité de son trône, en portant l'empire des Hellènes jusqu'aux glaces de la Scythie, jusqu'aux rives de l'Indus, jusqu'aux sables de la Libye; et j'aurai prouvé que la pratique des arts et la culture des sciences, loin d'être incompatibles avec la puissance et la splendeur des états, en sont au contraire les plus sûrs fondements.

Ah! si l'immortalité pouvait être le partage

de quelque chose qui naît ici-bas, elle devrait être celui des nations qui contribuent au bonheur, à la gloire de l'espèce humaine; leurs descendants devraient à jamais hériter de la grandeur, de la vertu de leurs ancêtres, pour retracer aux générations les plus reculées, une vivante image des premiers bienfaiteurs de la civilisation. Mais les empires, dans les rapides phases de leur courte durée, sont tels que tous les êtres doués d'une existence animée, et par-là même fugitive en son cours; ils se forment et se développent lentement et avec peine; ils brillent un moment, ils passent, ils périssent. Bientôt les générations qui suivent semblent être étonnées qu'en des lieux sauvages et misérables à leurs yeux, aient pu naguère habiter des nations populeuses et florissantes. C'est ainsi qu'aux rivages de Salamine, aux plaines de Marathon et de Platée; le laboureur imbécile, heurtant avec sa charrue les débris d'armes de ses ancêtres, ne se dit plus même que ce fer, tout rongé par le temps, brilla jadis pour l'indépendance, pour l'immortalité de la Grèce! de la Grèce maintenant dans l'oppression et le malheur *! Voilà jusqu'à quel point, lorsqu'elles devinrent la proie et

* Le laboureur de l'Attique et celui du Péloponèse ont fini par se dire à eux-mêmes, ce que nous leur répétions

le jouet des barbares qui tour à tour envahirent la Grèce, les nations célèbres qui avaient été l'admiration de l'univers, en devinrent la douleur et l'opprobre. Dans le court espace de quelques années de désastres, les plus fertiles des contrées semblèrent oublier leur première fécondité ; l'ignorance et le fanatisme brisèrent tous les ressorts de la population et de l'industrie. Les muses, dédaignées ou poursuivies, abandonnèrent enfin les beaux lieux de leur enfance ; elles s'enfuirent à regret vers de plus âpres climats. Les ateliers des Phidias et des Apelle devinrent déserts. Les sciences délaissèrent les ombrages inspirants du Lycée et de l'Académie. On eût dit que Minerve irritée brisait l'égide dont elle avait couvert ses anciens favoris, et retirait de leurs âmes le souffle divin de la valeur, de la sagesse et du génie.

Nous venons d'apprécier les causes principales de l'élévation et de l'abaissement de l'Hellénie. Nous avons vu l'expérience nous tracer ses terribles leçons avec ses caractères accoutumés, en traits de sang ; car, hélas, c'est dans le sang que les hommes expient leurs erreurs politiques. Écoutons cette voix de l'expérience et

sans cesse, et la Grèce est affranchie du joug humiliant qui pesait sur son territoire.

de la sagesse, que nous ne pouvons jamais impunément braver. Elle nous dit qu'il faut ranimer l'agriculture et tous les arts utiles, et le commerce, et les sciences; qu'il faut *surtout régénérer. les mœurs*, en donnant une trempe nouvelle aux esprits et aux courages.

Voilà ce que nous pouvons, ce que nous devons faire en faveur du peuple ionien. Avançons d'un pas ferme vers ce but, et nous verrons tous les obstacles céder à nos efforts et s'aplanir devant nous. Nous sommes semblables au voyageur perdu dans le fond des vallées. Ses regards découvrent à peine au-delà des monticules qui l'avoisinent le plus. Il ne voit d'abord que confusion, qu'irrégularité dans leur coordonnance; il s'élève, et les grandes directions viennent par degrés se développer à ses yeux; il parvient aux plus hautes sommités, et l'horizon semble lui dérober ses limites, à force d'éloignement. Alors ses regards saisissent l'ensemble du plus vaste spectacle; et les chaînes principales et les formes générales qui donnent un caractère à la contrée d'alentour. De même, à mesure que notre esprit s'élève, les obstacles qui s'interposent entre nous et la vérité s'abaissent, le champ de notre vue intellectuelle s'agrandit; bientôt, sous l'aspect le plus irrégulier des choses et des événements, nous découvrons un ordre caché, que la raison peut atteindre et dont elle doit s'emparer pour le bonheur de la société. C'est en faisant de pareilles conquêtes, que l'homme arrive à ses plus nobles destinées.

Sans nous porter à de si hautes espérances comme au résultat prochain de nos tentatives, efforçons-nous seulement de montrer quelques points de la route que nous voudrions voir suivie afin de régénérer les îles Ioniennes et la Grèce entière. Il nous suffira d'avoir placé quelques repères sur cette route glorieuse, qu'un talent plus habile et plus heureux parcourra, je l'espère, pour l'honneur de notre âge et des âges futurs.

Un peuple isolé de tous les autres, ou seulement environné de barbares comme lui, ne s'avance qu'avec le secours des siècles vers la civilisation. L'homme, en effet, ne soupçonne qu'après un temps prodigieux l'étendue de sa puissance intellectuelle. Avant d'arriver à cette connaissance, une longue suite d'années se consume en essais timides et la plupart infructueux. Mais, lorsqu'une nation peut hâter ses progrès de toute l'avance obtenue déjà par ses voisins, le temps prend ses ailes pour élever plus vite la société qui se perfectionne, au niveau de l'état social déjà perfectionné.

C'est à de tels secours, que la Grèce a dû la rapidité de sa première civilisation. En peu d'années, elle s'appropria ce que les siècles avaient appris à l'antique Orient, et elle s'éleva bientôt au-dessus des nations qui furent ses premières institutrices. C'est encore ainsi qu'un monarque fameux qui se fit, de l'Europe éclairée, une école industrielle et politique, a suffi seul pour transformer la Russie, et la rendre formidable à l'Europe elle-même, ainsi qu'à l'Asie. Mais, sans chercher au loin des exemples, ramenons nos pensées vers notre patrie qui, dans le cours d'une seule génération, a fourni plus de pages à l'histoire, que le reste de la terre, depuis plusieurs siècles.

Une armée a vaincu trois ans en Italie; elle va porter ses trophées aux limites de l'Afrique et de l'Asie. La faim, la soif, la peste et les barbares, plus cruels encore, ne sont pas les seuls fléaux qui l'assiégent; elle a d'autres privations à souffrir. Elle est sur le point de manquer à la fois de projectiles, de poudres, d'armes même; peu de temps encore et les braves n'auront plus de quoi renvoyer la mort dans les rangs ennemis. Mais le génie des sciences et de l'industrie veille pour le salut de l'armée. Des hommes accoutumés au silence et à la paix du cabinet, les ont sacri-

fiés à l'agitation , au tumulte des camps ; et conservant l'activité calme du sage, au milieu des
horreurs de la guerre, ils ont créé les arts de la
société dans le dénûment du désert ; ils ont
préparé des matériaux pour la victoire : l'armée est fournie de projectiles, de poudres et
d'armes.... Voilà ce qu'ont fait des Français,
en peu de mois, dans un pays barbare, qui
n'offrait de ressources en aucun genre ; dans
un pays au milieu duquel il fallait créer à la
fois des matières premières, des instruments et
des artistes. J'ai voulu montrer, par ce fait
tiré de nos annales, en combien peu de temps
sont produites les grandes choses, lorsque
les moyens de production se trouvent confiés
à des mains ingénieuses, actives et puissantes.

Voilà, messieurs, voilà les illustres exemples que les amis de la Grèce doivent, à tout
instant, se proposer pour modèle. Qu'on ose
le vouloir, on va régénérer ces belles contrées en moins d'années qu'elles n'en mirent
à déchoir de leur splendeur. Recréons les arts
qu'elles ont perdus. Recréons surtout les arts
utiles, les arts qui fournissent aux besoins
du grand nombre ; car c'est le bonheur du
grand nombre qui constitue à nos yeux le
bonheur général. Les campagnes de l'Hellénie
conservent encore leur fertilité première ; par

une culture intelligente rendons-les fécondes comme elles le furent jadis. Défrichons les vastes bruyères que la charrue sillonnait autrefois. Apprenons, de l'Italie et de la Provence, comment se taille et se cultive l'olivier, comment s'exprime et s'améliore le suc de son fruit. Encourageons, améliorons la culture de la vigne, et que les îles Ioniennes ne le cèdent en rien à celles de Chypre, de Chios et de tout l'Archipel. Mais, s'il est une culture qui doive attirer notre attention, c'est surtout celle des plantes céréales et des graminées : bientôt, par son secours, les récoltes des îles suffiront aux besoins des habitants, et leur existence ne dépendra plus de l'insuccès d'un blocus. Vous pourrez posséder de nombreux troupeaux, et, presque sans les changer de climat, transporter en ces lieux le mouton de la Barbarie et la chèvre d'Angora. Que l'industrie vienne ici monter ses métiers pour travailler les toisons et les soies; les travailler avec perfection pour les porter au luxe jusqu'au bout du monde; et surtout les travailler avec solidité, simplicité, économie, pour le pauvre habitant du pays, qui va devenir l'homme aisé, dès que vous mettrez à sa portée le prix des objets que réclament ses besoins.

Veuillez suivre la marche qui vous est tracéc, Ioniens, et bientôt vous verrez refleurir votre patrie, si florissante autrefois. Vous allez sentir qu'un degré de plus d'activité dans la vie suffit pour présenter à l'homme et le nécessaire, et cette première partie du superflu, qui seule peut répandre quelques charmes sur l'existence. La pénurie va faire place à l'abondance, et l'abondance est la mère de la population et de la prospérité. Faites un pas vers le perfectionnement, et vous verrez l'administration française aider à vos efforts et les rendre fructueux. Oui, Peuples des Sept-Iles, j'ose vous le promettre pour l'administration des Français; elle étendra sur vous sa main paternelle; elle sera l'amie de toutes les vues grandes et libérales. Excités par elle, vous rendrez fertiles vos guérets. Elle ouvrira de grandes routes pour les transports de vos produits. Des voyages plus faciles rendront moins chères et plus communes, en chaque lieu, les productions de tous les autres; par-là, toutes vos contrées recevront à la fois les bienfaits répandus sur chacune d'elles.

Le gouvernement sait que des îles puissantes et riches, que surtout des îles indépendantes, et des îles sans marine, ne furent jamais les mêmes îles. Vos ports seront restaurés et entretenus; il en sera creusé de nouveaux; vous y verrez construire des flottilles militaires, pour assurer la tranquillité de vos rivages et la facilité de vos communications. La pêche, protégée, recevra bientôt une extension nouvelle, et la pêche n'est pas seulement un des puissants mobiles de la population; elle est encore la pépinière et l'école des marins. Le commerce, ranimé, reprendra son essor, sous l'égide de la sécurité : ses progrès, ses trésors et même ses besoins encourageront à la fois l'agriculture et tous les arts, en leur offrant, pour leurs productions, des débouchés avantageux, faciles et multipliés. Voilà quelques-uns des bienfaits que la marine seule pourra rendre aux îles Ioniennes.

C'est par de tels moyens qu'après tant de siècles d'absence, le bonheur reviendra vers son premier séjour; et, comme les peuples heureux sont aussi les peuples formidables, c'est ainsi qu'en travaillant pour la félicité des habitants, nous aurons encore travaillé pour la puissance de l'Empire. Mais le gouvernement ne bornera pas ses bienfaits au seul accroissement de la population et des richesses; il sait qu'on a toujours assez d'êtres sous ses ordres et assez de luxe à leur livrer, pour les faire végéter sous des habits dorés. Ce sont les hommes qui sont rares; ce sont les citoyens qu'on voit dignes de ce nom, qui assurent aux états leur force et leur durée ; ce sont eux surtout qu'aspire à former le vrai législateur. Or, les hommes sont le fruit de l'éducation, et les citoyens le fruit de l'éducation publique. L'éducation publique * leur donne l'amour de la patrie, et cette élevation d'âme qui rend propre aux grandes choses, et cette fermeté de caractère qui constitue le vrai courage de l'homme éclairé. L'éducation publique sème en tous les cœurs le germe des idées libérales et des hautes pensées ; en plaçant son élève sous mille regards impartiaux autant que sévères, elle lui donne ainsi le besoin de l'approbation générale et cet amour de la gloire qui le force à s'élever au-dessus de lui-même pour conquérir le suffrage de ses contemporains. Pénétré de ces profondes vérités, le gouvernement favorisera, développera l'éducation publique. Par ses soins, des écoles s'établiront sur tous les points de l'Ionie ; elles seront fondées d'après des vues dignes d'un peuple tel que nous. Les bienfaits de l'instruction y seront offerts aux citoyens de toutes classes ; ils

---

* Cette pensée, qui a guidé l'auteur dans tous ses travaux littéraires et scientifiques entrepris pour les habitants des îles Ioniennes, est l'objet spécial du second discours.

y seront gratuits, et le maître s'y rappellera sans cesse que, s'il est l'instituteur du fils du riche, il est le père du fils du pauvre : il ne doit, à l'un, que son zèle et ses lumières; à l'autre il doit, de plus, une vive et tendre charité, dans ses leçons comme dans ses secours.

Nous aimons les sciences, parce que leur étude fait le charme de l'existence, parce qu'elles agrandissent nos pensées et les purgent de leurs erreurs; nous les cultivons surtout parce qu'elles sont nécessaires à la société. Cherchons dans chacune d'elles, avec un soin particulier, tout ce qui peut être d'une utilité spéciale; enseignons-les pour le grand nombre, et laissons l'homme capable de devancer beaucoup ses rivaux, s'ouvrir lui-même un chemin plus rapide. Quand je considère les sciences sous ce nouvel aspect d'utilité sociale, on se tromperait beaucoup si l'on pensait que je veux rétrécir le cercle qu'elles embrassent, et leur retirer leurs plus sublimes, leurs plus attrayantes considérations. Je veux, au contraire, que le système entier de nos connaissances grandisse et prenne encore un nouveau degré d'intérêt. Eh! qui n'aimeroit en effet à voir le génie poser pour but à ses méditations, le bonheur de la société? qui n'aimerait à joindre, au tribut d'admiration que nous lui devons, l'hommage si doux d'une juste reconnaissance?

Mettons le cœur de moitié dans les études de l'élève, et nous doublerons ses facultés et son courage. Il voudra pénétrer les mystères des sciences, non seulement pour en sonder les profondeurs; mais encore, mais surtout pour en connaître les bienfaits. C'est alors qu'il pourra vous dire à son tour, Ioniens, que dans l'état actuel des sociétés, il n'est pas de prospérité durable sans perfection dans les arts, et point de perfection dans les arts sans connaissances exactes. Vous appellerez les sciences à votre secours, et vous apprendrez que leurs bienfaits pour l'industrie sont inestimables comme l'industrie elle-même. Vous les verrez donner à ses produits des formes plus convenables et plus heureuses; à ses méchanismes, à ses procédés, des moyens plus économiques et plus simples. Vous les verrez, sans borner leurs secours à de simples perfectionnements et sans attendre tout de quelque hasard heureux, rendre méthodique l'invention même, pour l'appliquer par degrés à tous vos besoins. Vous apprendrez enfin, que c'est seulement par l'application des sciences aux arts, que vous pourrez prétendre à la concurrence avec les autres peuples, dans la fabrication, dans l'exportation de vos produits; et vous devrez aux sciences la prospérité du commerce et de l'industrie.

Enfin le gouvernement ne laissera point

imparfait son ouvrage; il rendra des cordes à la lyre qui doit célébrer ses bienfaits; il rappellera les muses et les beaux-arts dans leur antique et célèbre patrie. Après vingt siècles de sommeil, le génie de la Grèce sortira de sa léthargie; il secouera la poussière qui l'ensevelissait, il reprendra la vie au milieu des ruines et des débris relevés par une main restauratrice; et par l'illusion de son réveil, il croira reconnaître ses premiers favoris dans la génération de leurs arrière-neveux; il leur prodiguera les mêmes faveurs. La plus harmonieuse des langues trouvera des voix qui lui rendront toute l'éloquence de ses antiques accents, et les premiers de ses modernes chants seront consacrés à célébrer les bienfaiteurs de ces contrées. O gouvernants! c'est alors que vous jouirez vraiment de vos travaux. J'ose vous promettre pour récompense, l'enthousiasme et l'amour des heureux que vous aurez faits; je vous promets l'estime et l'admiration de tous les hommes vertueux. Je vois inscrire vos noms dans un sanctuaire immortel, et par une main qui grave en traits ineffaçables. Je vois la reconnaissance buriner vos noms dans les cœurs de tout un peuple, et les dicter à la postérité, unis à ceux des Colbert et des Sully.

Dès l'enfance, admirateur de la Grèce,

j'aspirais, comme au bonheur, à pouvoir un jour en parcourir les contrées; mais j'étais loin de prévoir que ses heureuses destinées porteraient en ces lieux nos enseignes triomphantes, et que ma bonne fortune m'y conduirait sous leur égide. Je n'ai pu me défendre d'un secret enthousiasme, en voyant la patrie des grands hommes que j'avois appris à révérer; je leur dois ce que je puis posséder de vertu dans mon cœur. Il me semblait que j'étais redevable à leurs neveux de ce bienfait inestimable; j'aurais voulu pouvoir les rendre à la félicité de leurs aïeux, même au prix de mon propre bonheur, et je portais à chaque instant vers ce but mes vues et mes souhaits impuissants. J'écrivais au hasard les pensées qui me paraissaient avoir quelque but d'utilité, mais sans motif précis qui me guidât dans mon travail. Je sentais trop que ma faible voix n'avait pas, pour se faire écouter, ce qui aurait pu la rendre recommandable, une renommée conquise par des actions ou par des écrits. Cependant une institution littéraire, fondée sur des idées toutes libérales, s'élève; elle appelle ses membres à présenter leurs vues sur l'amélioration du sort des Sept-Iles; j'ai dû lui payer ma dette, et présenter à sa censure les résultats de mes travaux.

DEUXIÈME DISCOURS,

PRONONCÉ DANS LA SÉANCE PUBLIQUE DE L'ACADÉMIE IONIENNE,

LE 15 AOUT 1809,

SUR L'ÉDUCATION PUBLIQUE DES GRECS.

> Si aut acriùs egero, aut liberiùs quàm qui ante me
> dixerunt : peto à vobis, ut tantùm orationi meæ
> concedatis, quantùm et pio dolori et justæ iracun-
> diæ concedendum putatis.
>
> Cic., *pro P. Sextio.*

O vous, hommes de l'Hellénie, vous surtout qui reçûtes de la nature une âme au-
dessus du vulgaire; qui l'avez élevée encore
par vos veilles et vos méditations, c'est à vous
que nous adressons nos prières et nos vœux.
C'est par vous que nous pouvons être de quelque utilité pour vos concitoyens. En vain,
chercherions-nous à répandre la vérité : portée seulement par notre faible voix, la vérité
ne serait point entendue, ou serait négligée.
Vous seuls pouvez détruire cette foule de préjugés qui s'opposent en secret à ses progrès
dans votre patrie; vous seuls pouvez combattre l'erreur, maîtriser l'opinion, la diriger vers
le but si grand, si beau, du bien public;

la rappeler enfin vers la pensée patriotique de vos pères. Faites-vous donc connaître, à la manière des hommes illustres, par des œuvres plutôt que par de vaines réputations. A chaque préjugé que vous aurez détruit, à chaque principe, à chaque fait important, à chaque projet utile que vous aurez exposés, propagés, nous nous empresserons de proclamer vos noms. « Contre les murs de cette enceinte, dirons-nous à nos compatriotes, vous voyez suspendu le tableau des donataires, bienfaiteurs des lettres, des sciences et des arts, envers l'académie; nous avons à vous présenter un autre tableau non moins précieux, c'est celui des hommes qui vous ont consacré leurs talents et leurs travaux. Les largesses de leur génie ne méritent pas moins votre reconnaissance, que les présents de ces premiers donataires dont l'académie gardera toujours le souvenir avec les plus doux sentiments de respect et de gratitude. » A ce simple récit, les acclamations de tout un peuple partageront les suffrages de la gloire et les tributs de l'admiration, entre les bienfaits du talent et les bienfaits de la vertu.

Ioniens, à la seule pensée de ce touchant spectacle, s'il est parmi vous un homme qui sente son cœur palpiter, et brûler du désir généreux de conquérir cet amour, cette estime de tout un peuple, voilà l'homme que nous cherchons. Qu'il paraisse ; qu'il imite par ses travaux ceux qui, comme lui, furent étrangers à l'académie. Nous nous empresserons de l'admettre comme eux au nombre de nos collègues, et nous le placerons aux premiers rangs dans la carrière où nous voulons marcher pour concourir à la prospérité de ces contrées.

Hommes supérieurs, c'est à cette époque heureuse, quand l'académie, devenue forte par votre appui, vous comptera tous dans son sein ; c'est alors qu'elle pourra remplir ses promesses, et les surpasser encore. Vous nous élèverez au-dessus de nous-mêmes. Une émulation généreuse viendra s'établir entre nos collègues nouveaux et ceux qui voudront devenir nos collègues. Vous rendrez, en ces lieux, aux lumières du savoir, tout l'éclat dont elles brillèrent autrefois. Par leur chaleur fécondante germeront pour la postérité mille talents précieux. Qu'il nous sera doux d'applaudir à leur développement, comme à l'ouvrage de notre zèle et de votre génie !

Peuples de la Grèce, c'est alors que sera détruite dans l'Europe cette opinion injurieuse qui pèse encore sur vous. On ne vous croira plus les fils dégénérés du plus illustre des peuples ; vous obtiendrez justice dans l'estime des hommes; et l'Europe sera fière de voir rendue à ses antiques destinées, celle de ses nations qui, la première de toutes, a déployé ses fastes pour l'immortalité.

Mais, ne vous le dissimulez pas, plus ce but a de hauteur, plus il est glorieux de l'atteindre, plus il est difficile aussi d'y parvenir : ce sera l'ouvrage du temps, et de cette constance qui nous fait triompher de tous les obstacles. O vous, de qui l'académie ose espérer la régénération de vos frères, voici les vérités qu'il vous faudra, pour la produire, recevoir et propager. Il faut que vous soyez persuadés que les hommes n'acquièrent de supériorité sur les hommes que par l'éducation, et les peuples sur les peuples que par l'éducation publique. Voulez-vous, Ioniens, que vos fils deviennent dignes de vos pères? il faut tout entreprendre pour former leur adolescence à l'école des talents et des vertus. Daignez prêter l'oreille à ma voix. Si vous êtes les enfants des Grecs, vous êtes faits pour entendre la vérité; et moi, mon cœur me dit que je suis fait pour vous la dire. Que si je devais même encourir vos reproches ou votre haine, pour prix de ma franchise, je vous dirais, comme votre Thémistocle, parlant pour le salut de la patrie :

« Frappe, mais écoute. » Et le bien que j'aurais pu produire, me paierait du mal que je recevrais en échange.

Ce n'est ni par la débauche, ni par le jeu, ni par le luxe et par ses vices, que vos fils se rendront jamais des hommes éminents dans l'ordre social; c'est par l'étude, et par le travail dont l'apprentissage austère ne deviendra fructueux que dans la seule éducation publique. Qui pourrait causer votre aversion pour elle? Serait-ce un vain orgueil? Mais un tel sentiment est indigne des neveux de ces hommes dont les généraux, les prytanes, les monarques même plaçaient leurs enfants dans l'école nationale qui recevait aussi les moindres citoyens. Je ne suppose donc pas qu'un sentiment aussi bas puisse jamais jeter, en vos cœurs, une racine profonde.

Penseriez-vous, d'ailleurs, que l'instruction particulière est, par elle-même, plus propice au développement de l'esprit? Penseriez-vous qu'elle est, plus que l'instruction publique, amie des vertus sociales ou privées; et que, sous les yeux de la patrie, les mœurs de vos fils s'altéreraient plus qu'elles ne le font aujourd'hui dans la maison paternelle *? A ces

---

* Les mœurs vénitiennes ont infesté de leur corruption la plus grande partie de la haute classe dés Septinsulaires.

doutes spécieux, je répondrai d'abord que l'homme élevé loin de ses semblables n'apprend ni à les connaître ni à les aimer; qu'il reste ignorant de leurs passions et de leurs mérites; qu'il devient, par son isolement, égoïste et superbe; qu'il reste faible, parce que l'émulation ne vient jamais doubler ses forces; et qu'enfin, dans sa médiocrité dédaigneuse autant que méprisée, il prépare son propre malheur, en se rendant à charge à lui-même et à la société tout entière. Mais laissons les preuves abstraites fournies par le seul raisonnement, et consultons la voix irrécusable de l'expérience. Je vais vous parler de vertus, de hauts-faits, de talents immortels : je vais prendre mes exemples chez vos pères.

Parmi les villes grecques les plus illustres par les actions qu'elles ont enfantées, par les hommes qu'elles ont produits, la première de toutes, c'est Athènes. Son nom seul nous rappelle la déesse du génie, de la sagesse et de la valeur *. La fille du maître du monde, qui, dans les cieux, présidait à ces vertus, avait sur la terre son temple en cette ville ** ; en

* La Minerve des Grecs porte le nom d'Athènes.

** Le Parthenon. C'est le beau temple dont les débris majestueux sont représentés avec tant de fidélité dans le panorama d'Athènes.

cette ville qu'elle animait de son esprit et couvrait de son égide : le nom d'Athènes, enfin, est l'emblème des beaux siècles de son peuple. Voyons donc ce que nous apprendront les fastes et les lois de la cité du génie, de la valeur et de la sagesse. L'Attique entière n'est guère plus grande que Corcyre ; une peuplade s'établit sur son sol aride, et la peuplade a rempli l'univers de son nom. Sous les plus grands des mortels, elle vainquit les barbares à Marathon, à Platée. Elle succombait sous le poids de l'Asie ; elle sacrifia ses biens, ses palais, ses foyers domestiques, ses temples même ; elle s'embarqua toute pour aller vaincre l'Asie à Salamine, et elle la vainquit à Salamine. Elle devint maîtresse des Cyclades, de l'Archipel, des côtes de l'Hellespont et de l'Asie-Mineure ; elle fut l'arbitre de la Grèce, de la Grèce alors triomphante de l'immense Orient !... Savez-vous comment s'élevaient des hommes qui faisaient de telles choses ? C'est dans le sein des écoles fondées par Solon ; et les lois de Solon parurent si belles à la Grèce, qu'elle lui décerna, pour les avoir conçues, un rang parmi les sept sages dont elle s'honore. Ce grand homme n'avait pas dédaigné de fixer jusqu'aux moindres règlements des écoles publiques. Il avait défendu, sous peine de mort,

que des maitres, non autorisés par les lois, frus-
trassent les écoles publiques, de la jeunesse qui
leur appartenait. Que croyez-vous, Ioniens,
qu'ait pensé le sage Solon, sur l'éducation publique et sur l'éducation particulière? Laquelle
des deux croyez-vous qu'il ait préférée? Que
pensez-vous enfin de la justesse de ses vues?
Jugez-les par leurs succès, et prononcez. —
Dites; quelle cause inconnue rendit vainqueurs
les guerriers d'Athènes à Marathon, à Platée,
à Mycale? Est-ce la valeur innée du peuple
grec? Mais cette valeur, aujourd'hui l'apanage
de ma patrie, c'est un bien qui fait le tour
de la terre, et passe, d'époque en époque, des
cœurs d'un peuple aux cœurs d'un autre peuple. Quel fut donc l'auteur de ces brillants
succès? — Quel fut-il?... Ce fut Solon. Quelles
étaient les armes qui rendirent dix mille guerriers d'Athènes supérieurs à cent mille soldats de Darius? Certes ce n'étaient pas les cui-
rasses qui couvraient leurs corps, mais bien
celles dont l'éducation de Solon avait enceint
leurs cœurs. Enfin, quand Xerxès s'avance à
la tête des forces de l'Asie, quand il s'est emparé de l'Attique et d'Athènes même, qui ne
croirait que le peuple de cette ville est vaincu?
Il a tout perdu; tout, jusqu'à ses foyers domestiques! Soyons tranquilles sur lui : la for-

tune n'a pu lui ravir cette grandeur d'âme qu'il doit à sa mâle éducation, et le peuple d'Athènes est encore. Le génie de Solon donne encore à tous les cœurs les leçons de l'héroïsme, et ce peuple va les suivre : il est en armes; il est tout entier sur les eaux, il s'en est fait une patrie, et l'élément des naufrages l'a conservé pour la victoire. Devant les faibles vaisseaux d'Athènes la flotte immense de Xerxès s'est dispersée, et leur roi fugitif n'en a sauvé que les débris qui ont eu des voiles légères et des rameurs agiles. Honneur, mille fois honneur au créateur des héros et des grands hommes!

Voilà, Corcyréens, ce que fut le peuple, élève du sage Solon, ces illustres Athéniens dont vous eûtes jadis la gloire d'être les alliés.

Que si vous doutiez encore de l'influence des lois de Solon, je vous dirais qu'aux jours malheureux, où ces lois perdirent leur vigueur, où l'orgueil ignorant crut s'honorer en substituant l'éducation particulière à l'éducation publique établie par ce grand homme, les courages s'énervèrent, les esprits s'abaissèrent, et les vainqueurs de l'Orient, qui avaient vu dans leurs rangs les Aristide, les Miltiade et les Thémistocle; les Eschile, les Euripide et les Sophocle; les Socrate, les Xénophon et les

Platon ; les citoyens de cette ville, qui semblait être la féconde pépinière des grands hommes et des talents immortels, lorsqu'ils eurent altéré l'éducation de la jeunesse, virent à la fois leur indépendance, leur bonheur, et leurs hommes illustres finir avec Phocion et Démosthènes. Leur patrie dégénérée devint le rendez-vous et la demeure des esclaves et des rhéteurs ; elle mit en opprobre, dans tout l'empire des Romains, le caractère jadis si noble et si révéré des Hellènes.

Enfants de la Grèce, cette faible peinture de ce que furent vos pères en leurs beaux jours, a-t-elle fait naître dans vos cœurs le désir de vous élever jusqu'à eux, d'obtenir une gloire égale à la leur ? Employez les moyens qui la leur ont acquise, et vous l'acquerrez de même à votre tour. Honorez les vertus, admirez le génie, fécondez-en les germes par l'éducation publique de vos fils. Que vous manque-t-il pour vous relever jusqu'à la majesté de vos aïeux ? pensez-vous que ce soient les richesses ? mais les vainqueurs de l'opulente Asie furent des hommes dont les généraux même étaient pauvres, comme Aristide et Miltiade. Mais, c'est quand leurs descendants furent devenus les riches oisifs d'Athènes, que les soldats pauvres de la Macédoine leur ont donné des fers; mais, c'est quand les Romains étaient pauvres qu'ils conquirent la terre, et c'est quand ils en eurent envahi les richesses, que des hordes barbares, avec leurs épées pour tous trésors, les ont vaincus. Ah! j'appellerai bienfaiteur et restaurateur de la Grèce, non pas uniquement l'artiste industrieux qui rendra ses villes opulentes et son commerce florissant; car, sans les lois, sans les mœurs, l'opulence elle-même n'est, au sein de l'état, qu'un élément de faiblesse et de corruption. Le restaurateur, le bienfaiteur véritable de la Grèce, c'est le sage éclairé, qui vous fera sentir comment on est riche avec les seuls trésors de l'âme et de l'intelligence, et pauvre avec les seuls trésors de la terre; c'est le politique profond, qui pourra vous convaincre qu'un peuple est grand par la seule magnanimité, et jamais par la seule richesse. Essayons d'abord d'éclairer les esprits, pour les rendre sensibles à la honte et à la gloire; montrons-leur combien est belle la vertu, combien elle fait le bonheur du citoyen qui la possède. Nous songerons après à l'utilité physique. Nous allierons, aux grandes pensées d'ordre public et de qualités sociales, la recherche des moyens d'appliquer les progrès intellectuels de la science, aux progrès matériels du commerce et de l'industrie. Nous honorerons le travail et l'activité, qui seuls conduisent les hommes de la pauvreté à l'aisance, et de l'aisance à la richesse; sans les obliger à quitter jamais les voies de l'honneur pour obtenir l'opulence ou le simple bien-être.

Tournez donc vos espérances et vos vues du côté de l'intelligence. Portez un regard sévère sur vous-mêmes; vous vous direz ce qui vous manque, et vos pères viennent de vous dire ce qu'il vous faut acquérir pour devenir, comme eux, l'exemple et l'orgueil de la terre.

Observons quel est ici l'état des professions les plus intéressantes, et jugeons des autres par elles. Je distingue parmi vous des hommes qui font honneur à toutes les professions utiles. Je rends hommage à leurs lumières, et j'admire d'autant plus leurs talents, qu'il était plus difficile de les acquérir en ces lieux. Mais je ne m'arrête point à ce petit nombre d'hommes éminents. Je tourne mes regards vers le peuple de vos villes et de vos campagnes. Je le vois portant, sur son front pâle ou d'un vert livide *, la preuve vivante de l'ignorance profonde d'empiriques et de char-

* La décadence de l'agriculture a rendu malsaine une grande partie de l'île de Corcyre.

latans qui, pour toùt art, ont celui de féconder les fléaux du climat par les fléaux de
leur impéritie. Je songe ensuite à quelle foule
de légistes d'une médiocrité sans pudeur, les
Septinsulaires livrent imprudemment leurs
biens, leur honneur et leur existence. Je demande partout quelles lois furent portées pour
empêcher l'horrible brigandage qui fait, de la
jurisprudence, un commerce sans conscience
et sans pitié. Je le demande à l'humanité, et
cette vertu méconnue se tait en rougissant;
elle me montre un code, et elle pleure. Que
contient donc ce code, qui fait pleurer et rougir l'humanité? Je l'ouvre au hasard; j'y découvre un acte de bienfaisance pour vous, Ioniens; mon cœur se console! Je lis avidement.
O faveur singulière accordée par Venise, durant sa longue tyrannie : « Tout Septinsulaire
sera revêtu du caractère auguste qui le rendra capable de défendre, de sauver la fortune
et la vie de ses compatriotes, aussitôt qu'il aura
fait acte de présence à l'université de Padoue. »
Pour le reste des hommes, il faut être plus
instruit que la masse des citoyens; il faut savoir leurs lois pour les défendre; mais pour
des Grecs, aux yeux des Italiens, cela n'est
pas nécessaire. Des Grecs peuvent être rui-
nés, déshonorés, suppliciés, qu'importe! pour-

vu que les Grecs demeurent ignorants, qu'ils soient esclaves et qu'ils oublient leurs pères... Voilà donc, Ioniens, ce qu'a fait à votre égard la politique de Venise ! Rougis, humanité, pleure ; le machiavélisme avait atteint son but, et le machiavélisme souriait avec satisfaction.

Je parcours vos campagnes ; elles sont couvertes de vos temples, mais tous ont l'aspect de la misère. Je vois vos prêtres béchant la terre et touchant les bestiaux ; et les pontifes du Seigneur ne comprennent plus qu'avec peine les hymnes composés par leurs savants prédécesseurs. Je demande si, dans toutes les îles, les Vénitiens établirent seulement une école où les ministres des autels se formassent à l'art sublime d'instruire, d'édifier, de consoler les humains ; et la religion rougit à son tour, en cachant son visage baigné de pleurs. Ah ! je rends grâces au ciel, Ioniens, que vous soyez enfin les frères d'un peuple, qui veut des compagnons de fortune, forts, éclairés, généreux, comme ses propres citoyens ; et qui dédaignerait d'acquérir des sujets, s'il ne pouvait les garder qu'en les rendant faibles, ignorants et dégradés.

Affligé par le triste spectacle de vos campagnes, je rentre au sein de vos cités, au sein de votre capitale. J'y cherche la langue d'Homère, que je n'avais pas encore entièrement méconnue dans la bouche de vos paysans. Je demande à l'enfant du riche, s'il connaît sa langue maternelle, et il me répond qu'il l'ignore. Je demande si, de tout temps, des écoles publiques n'ont pas conservé parmi vous ce dépôt précieux du génie de vos pères; et la Grèce indignée m'apprend que le peu d'établissements déserts qui subsistent encore, ne sont dus qu'aux fils de Pierre le Grand, qui *protégèrent* un instant ces contrées.

Comment! et plus heureux que le reste du monde, vous n'avez subi le joug ni des dévastateurs du nord ni des dévastateurs du midi. Jamais l'Arabe, ni le Sarmate, ni l'Ottoman, ni le Vandale, n'ont envahi votre contrée; et c'est à des nations qui se prétendent policées que vous avez appartenu! Mais, dans le reste de la Grèce, à Pathmos, à Thessalonique, à Chios, à Joanina, à Cydonie *, au mont Athos, en cent autres endroits, je vois des écoles publiques où vos frères vont apprendre la langue et les hautes pensées de vos pères. Voilà ce que permettent des peuples que nous caractérisons, en les appelant barbares; et ce sont des peuples civilisés qui vous ont dominés,

* L'école de Cydonie n'existe plus : les professeurs et les élèves ont été massacrés par les Turcs (en 1821).

eux qui ne vous ont pas permis d'établir une école dans vos îles! Ils ont plus fait, ces propagateurs de l'avilissement et de la servitude; ils ont eu l'art de mettre en déshonneur parmi vous le seul moyen qui pût vous rendre à votre élévation première. Ils ont eu l'adresse de rendre ridicule dans le beau monde, le majestueux idiome que consacra la voix des Pindare et des Platon; ils vous en ont presque fait perdre les restes précieux; et vos femmes elles-mêmes, avec vos petits-maîtres, rougissent de parler la langue de leurs sublimes aïeux; et les mères la dédaignent pour leurs fils et la rejettent pour leurs filles; et c'est le patois de Bergame, c'est le jargon de Sganarelle, de Pantalon et de Bignoso, qu'on lui préfère *. Ah! que n'ai-je en partage une faible étincelle de ce rare génie qui caractérisa les immortels créateurs de votre langue! avec quelle force ne combattrais-je pas d'aussi viles opinions, d'aussi barbares préjugés. Je saurais vous dire des vérités amères et leur retirer toute leur amertume. La persuasion coulerait de mes lèvres. Aux accents de ma voix, vos cœurs

---

* Dans les Sept-Îles, les habitants qui ne font pas usage de la langue grecque parlent le vénitien le plus corrompu.

seraient émus; ils croiraient reconnaître les accents de la patrie même; ils seraient entraînés et rendus à leur grandeur passée. Le bien public se montrerait à vous dans tout son jour. Je saurais vous dire tout ce qu'il vous faut entreprendre pour vous relever vers votre première splendeur; et tout ce qui vous serait montré digne de vous, vous l'exécuteriez. Eh bien! si je ne puis atteindre de si hautes destinées, c'est à vous de seconder mes faibles efforts. Ne songez plus à moi, ne me regardez plus, et supposez que les fantômes muets de vos pères, debout autour de moi, suppléent même par leur silence à ce qui manque à ma voix. S'il ne peut m'être donné de vous persuader, obéissez à ces mânes illustres; ils vous invitent à marcher sur leurs traces; ils vous montrent les voies que vous devez tenir; les obstacles qu'il vous faudra franchir ou renverser. Ils vous commandent de tout faire pour les suivre à l'immortalité. Entendez-vous? ils vous commandent!... Fils des Grecs, obéirez-vous à vos pères? Irez-vous les rejoindre à ce noble rendez-vous? ou passerez-vous pour jamais, en quittant la vie, dans les obscurs abimes de l'oubli? Je me tais et j'attends votre réponse...

Ah! je la lis dans vos regards cette réponse. Je l'entends au milieu de vos acclamations;

elles m'apprennent que vous êtes encore les dignes neveux des grands hommes; et que deux mille ans de malheurs et de persécutions n'ont pu dégrader vos âmes, ni vous faire oublier vos glorieuses destinées. Vous saurez les remplir. Vous saurez régénérer, vous, vos frères, vos enfants; leur rendre les sciences, les lettres, les arts; plus encore que tout cela, les vertus de vos pères. Vos soins vont prospérer. Osez le vouloir, et dans peu vous verrez les belles conceptions, les utiles travaux, les grandes actions renaître parmi vous, comme ces plantes précieuses qui repoussent d'elles-mêmes dans leur terre natale, aussitôt que la main du dévastateur abandonne la nature à son cours.

Avant d'entreprendre de régénérer ainsi vous et votre patrie, consultez l'histoire, cette immortelle institutrice des mortels. Elle vous dira : Il y a peu de siècles encore, et l'Europe entière était barbare; ses tribunaux retentissaient alors, comme les vôtres maintenant, des accents d'une langue étrangère; une langue étrangère régnait partout, et les idiomes de l'Europe restaient dans l'enfance où le vôtre est aujourd'hui tombé. Cependant quelques hommes, hardis bienfaiteurs de leurs compatriotes, s'élevèrent dans chaque nation. Ils osèrent parler leur propre dialecte; ils l'enrichirent, l'épurèrent et l'embellirent. Ils furent payés de leur audace par la reconnaissance des peuples, par l'imitation des hommes supérieurs ; et bientôt les nations modernes, qu'ont formées les chefs-d'œuvre de vos aïeux, s'élevèrent du rang de leurs élèves à celui de leurs rivaux.

Si l'Europe était naguère ce que vous êtes aujourd'hui, vous pouvez devenir ce qu'elle est maintenant. Avec combien plus de facilité ne le pouvez-vous pas? Vous avez, pour chemin facile, la carrière ouverte devant vous par le progrès des sciences et des arts, et ce progrès est immense. L'Europe avait des langues barbares qu'il fallait réformer en entier; vous n'avez, pour tout travail, qu'à vous rapprocher un peu des dialectes de vos ancêtres, et vous posséderez le plus riche, le plus sonore, le plus majestueux des idiomes. Eh quoi! vingt siècles de malheurs, une politique adroite et constante, n'ont pu détruire en votre contrée la langue de vos pères; les neuf dixièmes des Septinsulaires n'ont pu savoir celle du conquérant; et vous penseriez qu'on ferait perdre en quelques années, à ces neuf dixièmes, celle qu'on n'a pu faire perdre en deux mille ans au dixième d'entre vous? Non, vous ne le pensez pas. Dès que vous le voudrez, au contraire, vous reprendrez l'usage presque complet de l'idiome qu'ont créé vos ancêtres. Vous n'aurez plus à consumer le temps si précieux de la jeunesse pour apprendre des langues qu'aucun peuple ne parle plus. Votre bel idiome vous redira bientôt tout ce que le génie peut enfanter de gracieux, d'élégant et de sublime. Pénétrés de vos admirables modèles, vous vous éleverez jusqu'à eux; vous les imiterez. Alors il faudra qu'une seconde fois l'Europe vienne entendre les philosophes, les orateurs et les poëtes de la Grèce, pour prendre des leçons de vertu, de savoir et d'éloquence.

Ces pensées, je ne les émets pas comme nouvelles; car elles sont gravées dans les cœurs d'un grand nombre d'entre vous, et leurs esprits en sont pénétrés. Un jour vous serez tous convaincus de l'indispensable besoin de conserver, de régénérer votre langage; vous sentirez qu'il est impossible de le détruire jamais entièrement. Mais déjà parmi vous il est beaucoup de familles distinguées qui, supérieures aux préjugés et à l'opinion vulgairement égarée, élèvent leurs enfants dans l'étude de leur langue maternelle. Honneur à ces dignes familles! qu'elles soient pour toutes les autres un exemple glorieux à imiter, honteux à ne pas suivre!

Si les écoles publiques vous semblent trop

exiguës (mais, hélas! elles sont trop vastes encore pour le nombre des élèves que vous y envoyez), eh bien! devancez les vues libérales du gouvernement. L'amour de la patrie se nourrit de sacrifices; sachez en faire. Dotez à vos frais des écoles publiques; fondez-y des pensions pour le pauvre que la nature a vengé de la fortune en lui prodiguant l'intelligence. Imitez les autres Grecs et quelques-uns de vos concitoyens. Hommes riches, soyez nobles et généreux comme les Zosimades *; comme eux, employez vos trésors pour donner à vos frères la plus grande des richesses, celle des lumières et des vertus. Hommes de génie, imitez les Boulgaris, les Rigas, les Coraï; consacrez vos talents et vos veilles à l'instruction de vos contemporains; au développement des idées grandes et généreuses dans les âmes de la jeunesse; consacrez de nobles efforts à la régénération d'un peuple tout entier. Alors on dira : Les Grecs expatriés ne sont pas les seuls hommes d'un grand caractère, entré tous leurs compatriotes : on compte encore les Grecs des îles Ioniennes.

---

* Les Zosimades ont fait imprimer, à leurs frais, les chefs-d'œuvre de la langue grecque, et les ont fait distribuer à leurs jeunes compatriotes les plus studieux.

Tandis que les citoyens de tous les ordres concourront à cette régénération de la langue et des mœurs, et vous, ministres de Dieu, resterez-vous spectateurs oisifs de ce beau mouvement? Voudriez-vous être réduits, comme le sont aujourd'hui les pontifes de l'Occident, à parler aux peuples un langage que vos peuples n'entendissent plus; et à rendre ainsi leurs prières et leurs cantiques, le récit de quelques formules que leur intelligence n'expliquât plus à leur cœur? Non sans doute, vous ne le voudriez pas. Eh bien! conservez donc ce dépôt précieux de la langue de vos pères; conservez-le comme le plus puissant moteur que vous puissiez faire agir, pour maintenir la morale, et ranimer sans cesse la vertu. A coup sûr, la langue des Cyrille, des Basile et des Chrysostome vous paraît une langue éloquente; une langue qu'il est utile que tous les Grecs entendent; une langue, enfin, consacrée, immortalisée par votre religion. Cherchez donc vous-mêmes à l'entendre, à l'encourager, à la propager. Rendez-vous les plus instruits comme les plus sages d'entre les hommes, pour en être les plus révérés; et rappelez-vous que ce fut là votre secret de tous les siècles : trop heureux les mortels, si vous en eussiez toujours profité! Maintenant, je vais vous parler des plus nobles services rendus au genre humain. Écoutez-moi; ils seront pour vous des modèles. Songez que ce n'est point par des rites et des formes extérieures, mais par des bienfaits, que les religions excellent aux yeux des juges de la terre, et, j'ose dire, aux yeux de l'Éternel.

Quand l'Europe était redevenue barbare, c'est dans quelques monastères que s'y conservaient les restes de ses antiques lumières. C'est là que des cénobites modestes et laborieux en recueillaient, en ravivaient les mourantes lueurs.

Ce qu'ils étaient pour des peuples entiers, les pasteurs de nos campagnes le sont encore pour nos simples paysans. Dans notre patrie, le ministre des autels est l'homme le plus docte et souvent le plus vertueux de son humble paroisse. C'est lui qui protége et qui dirige ce peu d'instruction qu'il est possible de répandre dans les classes inférieures du peuple; lui qui signale au riche bienfaisant les dispositions naissantes de l'enfant sans fortune; c'est le même homme enfin qui instruit les petits du pauvre et qui console la famille du malheureux. Prêtres de l'Orient, voulez-vous, comme la dernière; qu'ai-je dit? comme la première classe des prêtres de mon pays, devenir l'honneur et la vénération du peuple?

Soyez instruits comme eux; comme eux répan-
dez vos lumières et vos consolations dans le
sein de tous les pauvres, de tous les malheureux. Vous répétez toujours que vous êtes
pères des orphelins. Eh bien! soyez-le donc
de tous les Grecs, qui sont orphelins de leur
patrie, et qui en ont perdu tout l'héritage.
Élevez des écoles pour les fils de l'indigent,
élevez-en d'autres pour vos propres successeurs.
Qu'on ne dise pas seulement de vous : ils sont
probes. Qu'on ne puisse plus dire que les successeurs des grands orateurs sacrés, déshéri-
tés des lumières de l'antique église d'Orient,
ont oublié les exemples et qu'ils n'entendent
plus les sublimes accents des pères de leur
église. Instituez des écoles, où l'on enseigne
les préceptes, où l'on révèle l'éloquence de ces
hommes vénérables. Qu'il ne soit pas dit
que vous le cédiez à ceux qui relèveront les
écoles où les Pythagore, les Socrate et les
Platon développaient leur morale si pure, dans
un si beau langage. Au contraire, qu'une
noble rivalité s'établisse entre eux et vous.
Commencez vous-mêmes par être instruits;
qu'on ne puisse être revêtu de votre sacré caractère, sans avoir fait preuve de lumières.
Vous apprendrez alors à vos peuples ce qu'ils
gagneront eux-mêmes à s'éclairer. Vous em-

ploierez votre puissante influence sur tous les esprits, pour les conduire au bien, au grand, par la persuasion; et c'est à vous surtout que sera due la *régénération de la Grèce*.

Je finis en vous rédisant encore, Ioniens, et je voudrais pouvoir vous le dire tant de fois que je parvinsse à le graver dans vos âmes en traits ineffaçables : c'est l'éducation publique, c'est elle seule, qui pourra vous conduire aux destinées qui vous attendent; et vous devez tout faire, tout sacrifier pour elle. Mais pourquoi faut-il que je vous présente sans cesse comme un sacrifice, un devoir, ce qui devrait n'être, à vos yeux, que le plus doux des plaisirs? Ah! sans doute, c'est que vous ne savez pas quelles délicieuses jouissances éprouvent un père, une mère, en voyant leur fils marquer sa supériorité future, par ses progrès naissants et par des avantages qu'il remporte déjà sur ses jeunes condisciples. Que vos fils fréquentent les écoles de l'état, nous leur donnerons des prix; ils seront modestes, et pourront devenir sublimes; ils seront ceux que la Grèce assemblée décernait aux Simonide, aux Pindare, aux Platon : un simple feuillage. Nous y joindrons les œuvres de ces grands hommes; les dédaigneriez-vous pour vos fils? — Vous ne seriez donc pas des Grecs, et les plus doux sentiments de la nature seraient donc étrangers à vos cœurs !

Laissez-moi terminer mon trop long discours par le récit d'un événement bien simple, mais qui restera toujours gravé dans mon souvenir. Un adolescent* était élevé dans une école publique, bien loin de sa famille dont il ne devait voir personne encore. Cependant la fin de l'année scolaire amène la distribution des prix. Déjà les magistrats et tout ce que la ville a d'hommes recommandables se sont réunis, en présence d'un concours immense de peuple. Déjà les couronnes se distribuent. Le jeune élève en avait acquis une. Il ne pensait qu'à sa petite gloire littéraire, il goûtait avec ivresse ces premiers suffrages de l'honneur et de l'estime. Il reçoit sa couronne, il se retourne ; que voit-il ? sa mère ; sa bonne mère qui avait fait son voyage en secret, et qui était arrivée comme pour être heureuse du bonheur de son fils.... Couronnes, prix, spectateurs, ah ! je vous oubliai tous ; l'orgueil fit place à la nature ; je ne vis plus que ma mère, ma tendre mère, et je m'élançai dans ses bras, en lui faisant hommage de ma couronne et de mon prix.

Sexe enchanteur, ô vous dont le cœur, plus

---

* L'auteur de ce discou…

sensible que le nôtre, résiste moins aux naïves impressions de la nature, dites-moi! vos âmes n'ont elles pas été émues à mon récit? — Vous ne seriez donc pas mères! Eh bien, quand vous éprouverez ces enivrantes sensations, votre bonheur surpassera mille fois encore tout ce que pourrait vous promettre votre imagination. Attirez, à ces doux et généreux sentiments, l'autre moitié du genre humain, sur laquelle vous avez un si puissant empire. Adoucissez mes âpres et durs accents, par votre touchante et persuasive éloquence. Faites-moi pardonner ce qui pourrait avoir choqué dans mes discours trop ingénus, trop véridiques peut-être. Que, par vous, tous les pères apprécient les bienfaits et qu'ils pressentent les plaisirs, si purs, qui naîtront d'une prudente éducation privée, et d'une savante instruction publique, habilement préparées pour leurs fils, par les préceptes réunis de la bonté, de la sagesse et de l'expérience!

PRIX ET COURS

DE

L'ACADÉMIE IONIENNE,

ANNONCÉS DANS LA SÉANCE PUBLIQUE DU 15 AOUT 1809.

PROGRAMMES.

ENSEIGNEMENT PUBLIC.

Le 15 août 1808, l'Académie ionienne fit connaître aux Corcyréens qu'elle allait leur ouvrir des cours gratuits et publics, de physique, de chimie, d'histoire naturelle, de physiologie et d'hygiène. Elle tint plus qu'elle n'avait promis. A ces premiers cours elle ajouta celui d'anatomie et d'opérations chirurgicales, que M. le docteur Razis, par un mouvement digne d'éloges, s'offrit à professer, quoiqu'il ne fût point encore admis au nombre de nos collègues.

Un dénuement absolu d'instruments en tout genre, le défaut même d'emplacement pour opérer les expériences de chimie et les dissections anatomiques, ont nui beaucoup aux premiers cours ouverts par l'Académie. Cependant, malgré tant d'obstacles, cet enseignement n'a point été fait sans quelque succès.

L'Académie a vu, nous oserons le dire, avec orgueil, des personnes déjà mûries par l'âge et le travail, des officiers pleins de mérite, et des hommes habiles dans les diverses branches de l'art de guérir, honorer constamment de leur présence les leçons de ses professeurs.

Mais, en même temps, l'Académie a vu avec douleur qu'elle avait fait un vain appel à la jeunesse corcyréenne. Dans la capitale des Iles ioniennes, elle n'a point trouvé de pères qui aient chéri l'instruction de leurs fils, et point de fils qui aient senti que l'instruction pouvait être un bienfait pour eux-mêmes. Cependant nous avions paru taxer sans motif quelques parents, d'un vain orgueil, en exprimant la crainte trop fondée, qu'un amour-propre aveugle et mal calculé les empêchât d'envoyer leurs fils à des écoles publiques, quelles qu'elles fussent. Combien l'Académie serait heureuse si l'expérience démentait ces assertions qui lui coûtent! Avec quel empressement elle avouerait qu'elle s'était trompée, en avançant un reproche que tout lui donne aujourd'hui le droit de renouveler!

A l'enseignement de l'année dernière nous ajoutons un cours de littérature grecque, ouvert par notre collègue le docteur Mavromati; c'est un nom qui vous est connu, et qui porte avec lui son éloge. Le docteur Mavromati * développera les beautés des principaux chefs-d'œuvre de vos aïeux. Il fera proprement pour vous un cours national. Il est beau de voir que, sous l'égide du gouvernement français, après deux mille ans de silence, les philosophes de l'Hellénie renouvellent leurs leçons éloquentes.

Cours de physique et de chimie. On s'est borné dans la première année à faire connaître les lois de la physique générale, et surtout de l'astronomie physique, science qu'on a professée d'après le traité d'un ancien élève de l'école polytechnique, M. Biot. Cette année, la physique

---

* Les sciences et les lettres ont perdu cet homme excellent, qui réunissait toutes les qualités du cœur et de l'esprit ; il joignait l'imagination la plus vive à l'instruction scientifique et littéraire la plus étendue. Proscrit par Ali, pacha de Joanina ; dépouillé de ses propriétés, il ne vivait plus que pour appeler, de tous ses vœux, la délivrance et la régénération de la Grèce. Il est mort avant que sa patrie ait commencé de secouer le joug ; et n'a pas eu le bonheur de jouir d'un spectacle qui eût consolé ses derniers jours, et qui sans doute les eût prolongés.

particulière et, s'il se peut, la chimie, seront développées d'après les leçons de la même école, par ses anciens élèves, MM. Augoyat* et Charles Dupin.

Histoire naturelle. M. le docteur Pierri professera la botanique en général, et l'histoire naturelle spéciale des îles Ioniennes.

Médecine. Monsieur le docteur Gangadi professera la physiologie, et l'hygiène appliquée particulièrement aux habitants de ces contrées, d'après les bases offertes par la nature du climat et par la salubrité spécifique des diverses régions de ces îles.

Chirurgie. Monsieur le docteur Razis professera l'anatomie, et, dans le même temps, il fera un cours d'opérations chirurgicales et d'obstétrice.

Belles-lettres. Monsieur le docteur Mavromati ouvrira son cours de littérature grecque. Il fera sentir le caractère des divers genres de constructions grammaticales et l'esprit des tours oratoires ou poétiques ; il marquera comparativement les beautés dont ils sont susceptibles, et les défauts qu'on doit éviter pour écrire avec élégance et pureté la langue

---

* Aujourd'hui chef de bataillon au corps du génie militaire, et professeur de fortification à l'école spéciale d'état-major.

grecque. Il passera de ces éléments à la comparaison des auteurs; en cherchant à montrer la trempe de leur génie, dans le caractère de leur style. Il s'élèvera, par degrés, des genres les plus simples aux plus composés. Il parlera, tour à tour, des prosateurs didactiques, des philosophes, des historiens, des orateurs. Enfin, il étendra sa méthode jusqu'aux ouvrages des poëtes; il présentera, sur le style de la poésie, le même genre d'observations et d'analyses, que sur le style de la prose.

Au premier octobre, époque de l'ouverture des cours, l'Académie fera connaître les jours et les heures que ses professeurs auront choisis pour donner leurs leçons.

A Corbyre, 2e. année de la 647e. olympiade (août 1809).

Le secrétaire pour la langue française,

Ch. Dupin.

PRIX OLYMPIADIQUES.

Les membres de l'Académie Ionienne, rappelant sans cesse à leur pensée qu'ils sont des Grecs, ayant toujours devant eux ce qu'étaient leurs ancêtres, pleins du désir de voir les descendants de pareils hommes s'en rendre les dignes fils, ils ont dit :

Nos pères ont élevé par leur génie un édifice que le temps n'a pu détruire. Ils ont travaillé pour le bonheur des nations. Long-temps après qu'ils n'étaient plus, l'Europe leur devait les progrès de l'esprit humain, qui font briller ces derniers siècles à l'égal des siècles qu'ont illustrés nos ancêtres.

Pour enflammer les âmes d'un feu créateur, la Grèce assemblait ses enfants ; elle appelait au milieu d'eux, les Pindare, les Simonide et les Hérodote. Sous la sauvegarde des muses, elle confiait la gloire des héros à la postérité.

Et, pour unique récompense, aux applaudissements de ses douze tribus, elle ceignait le front de l'auteur d'un grand chef-d'œuvre, comme celui de l'auteur d'une belle action, avec un simple feuillage.

Descendants de ces hommes, vous qui vivez encore sur les lieux qui redisent leur gloire, et vous que le malheur a dispersés sur la terre, entendez notre voix.

Nos faibles mains vous offrent des prix de l'ancienne Grèce.

Nous n'aurons point à les donner devant un concours de deux cent mille citoyens : nous ferons bien plus encore.

Nous nous supposerons en présence de tout ce qui reste aujourd'hui du peuple Grec, disséminé dans l'Europe, dans l'Afrique et dans l'Asie. Nous nous supposerons en présence de tout le peuple Français et de l'élite des autres nations; et nous dirons :

Enfants des Grecs, dans l'œuvre de l'un de vous, nous voyons briller encore le génie de nos pères. Deux mille ans n'ont pu l'éteindre. Nous venons d'en recueillir une étincelle ; puissent vos acclamations, unies à celles de tous les autres hommes, la vivifier, la développer en flamme immortelle !

Quand la domination des Romains dégénérés s'écroulait sur ses fondements, la langue de Cicéron et de Tacite, quoique altérée, n'était point encore méconnaissable dans les anciennes provinces de cet empire immense. Les états de l'Italie parlaient encore l'idiome des

Latins, quoiqu'en y mêlant les expressions barbares des peuples vainqueurs. Peut-être auraient-ils pu relever leurs dialectes jusqu'à la dignité, jusqu'à la noblesse de la langue latine. Ils adoptèrent un autre système, et les doux chants de Philomèle changèrent en accents efféminés la langue forte et majestueuse des monarques de la terre.

Nous portons bien plus haut notre ambition et nos vues. Nous nous adressons à des hommes, la plupart sans patrie, et nous leur parlons de la gloire de leurs pères. Nous leur disons que la grandeur et la fierté de l'âme ont leur image dans la noblesse et l'énergie du langage; nous leur disons qu'ils doivent parler un idiome qui les rappelle incessamment à cette grandeur, à cette fierté généreuse, qui caractérisaient le peuple des héros.

Notre langue est déchue, sans doute; mais non pas, comme les autres langues de l'Europe moderne, au point qu'on n'y puisse plus reconnaître la physionomie de sa langue maternelle. Elle s'est déjà relevée de la corruption où des temps d'infortune l'avaient plongée, et déjà les Rigas, les Coraïs, les Ducas, ont fait des pas marqués dans la route que nous voulons indiquer.

Marchez donc sur les traces de ces hommes,

dont le beau talent n'est égalé que par le noble caractère. Faites plus que les suivre; guidés par leurs progrès, vous-mêmes reculez les bornes qu'ils ont posées. C'est en courant cette illustre carrière qu'il est honorable d'être, tour tour, et le vainqueur et le vaincu.

Si, devenus maîtres de cette philosophie créée par vos pères et perfectionnée de nos jours, vous portez son analyse méthodique dans l'examen de votre dialecte, vous vous direz bientôt : peu de perfectionnements encore et le langage régénéré des Grecs modernes prendra son rang à côté des plus beaux dialectes de l'ancienne Hellénie. Mais (qu'il nous soit permis d'employer un moment le langage technique du grammairien, pour mieux indiquer le but vers lequel nous voulons diriger les premiers efforts des écrivains) cette analyse vous dira qu'une langue qui n'ose employer les infinitifs de ses verbes; qui rejette presque tous leurs participes; qui joint à leurs futurs, à leurs passés, à leurs conditionnels, des temps superflus, traînants, fastidieux; qui rejette presqu'en entier un cas de ses noms et ses plus utiles particules, est une langue qui se prive à plaisir de ses plus précieuses richesses. Enfin elle vous dira, cette même analyse, qu'une telle langue n'attend qu'un génie audacieux autant que sage, pour

franchir de timides barrières et trouver le secret
d'un style nerveux, concis, harmonieux et gran-
diose; d'un style plein du beau caractère des
anciens dialectes de la Grèce, et néanmoins, si
peu différent du parler populaire de Constantinople, de Smyrne et de tout l'Archipel, que, dans
ces lieux et dans le reste de la Grèce, il puisse être
compris avec les plus légers efforts d'attention.

S'il est des prosateurs et des poëtes assez courageux pour marcher dans la carrière que nous
leur indiquons, nous osons leur prédire une
gloire durable pour leurs écrits mêmes (car, dit
un grand écrivain, c'est la beauté de la langue
et du style qui fait vivre les ouvrages), et nous
leur assurons cette gloire bien plus grande
que n'eut aucun peuple du monde : celle de
rappeler à sa perfection première une langue
depuis long-temps dégénérée.

O vous qui peuplez ces contrées, si, pendant plus de quatre siècles, un aveugle système fermait vos esprits à la lumière des
sciences, des lettres et des arts, cette époque
a passé, et ses vils souvenirs tomberont tout
entiers dans l'oubli. Désormais protégés par
l'égide qui vient de s'étendre sur vous, rien
ne doit plus borner vos vastes destinées. Vous
avez en votre pouvoir de revivre ou de rester
morts pour la postérité : choisissez.

Tous les quatre ans nous présenterons à l'Europe le tableau de ce qu'auront fait les Grecs pour se régénérer ; nous donnerons l'analyse raisonnée des bons ouvrages publiés dans la langue hellénique pendant cette courte période. Quelques olympiades encore, et l'Occident revenu de son erreur dans l'opinion qu'il s'est formée des Grecs, ne les jugera plus les fils barbares de ce peuple qui put justement traiter de barbares la plupart des nations contemporaines, tant elles étaient éloignées de sa brillante civilisation.

Il sera beau de voir l'Europe attentive aux efforts d'un peuple qui, terrassé par le malheur, entreprend de se relever, de lui-même, jusques à sa première majesté.

Tous les quatre ans nous donnerons un prix à l'auteur qui, dans le grec moderne le plus pur, aura composé et publié l'œuvre la plus parfaite ; nous donnerons un autre prix au meilleur écrivain, qui aura traduit et publié l'un des beaux ouvrages des nations modernes et surtout de la nation française.

Dans la salle de nos séances nous suspendrons la couronne d'olivier sauvage dont nous aurons ceint le front du vainqueur ; nous inscrirons, au-dessous, l'olympiade où le prix fut remporté, les noms de l'auteur, de son ouvrage, de sa patrie et de l'école qui l'aura formé. Tels seront les trophées de l'Académie. En présence des images et des trophées de ces nobles vainqueurs, comment rien d'indigne d'eux pourra-t-il jamais sortir de son sein !

Par un synchronisme heureux, le 15 août 1807, l'armée française arrivait à la vue de ces rivages; et le 15 août 1808, l'Académie ionienne tenait la première de ses grandes séances annuelles. Cette même époque de 1808 aurait été l'année dans laquelle les Grecs eussent renouvelé leurs jeux olympiques, pour la 647e. fois, si les empires ne mouraient pas, ainsi que l'homme, peu après qu'ils ont brillé.

Partant donc de cette époque, où l'Académie prenait naissance sous les auspices des Français, les premiers de nos prix seront distribués le 15 août 1812 : dans la première année de la 648e. olympiade.

Nous n'offrons qu'une réminiscence de ces époques solennelles. Nous laisserons au temps à développer un premier germe que nous jetons pour la postérité....

Nous donnerons pour prix une médaille. Elle portera l'emblème de l'empereur des Français, avec ces mots : Napoléon, bienf iteur et protecteur. C'est le cachet de l'académie. Sur le revers, nous graverons une étoile avec ces mots : au Génie, l'Académie reconnaissante. Sur le contour de la médaille, seront écrits les noms de l'auteur et de son ouvrage, avec le quantième de l'olympiade. La médaille sera *de fer;* c'est la monnaie de Lacédémone; c'est celle de l'honneur et de la vertu, revêtue des empreintes de l'immortalité.

Un jour, nos majestueuses panégyries renouvelleront leurs vastes concours. D'autres juges nous succéderont, et leur renommée fera bientôt oublier la nôtre. Mais leur illustration même sera notre ouvrage ; et voilà la gloire que le temps ne pourra nous ravir, celle qui nous rendra chers à tous les vrais amis des idées grandes et libérales.

P. S. L'Académie, pour décerner les premiers prix olympiadiques, ne jugera que des ouvrages qui seront envoyés à son secrétariat (francs de port) et qui lui parviendront avant le 1er. mai 1812. Dans ce premier concours, l'Académie recevra les ouvrages de tous les auteurs vivants, quelle que soit la date de leur publication.

A. Corcyre, 1re. année de la 647e. olympiade (juin 1809).

Le secrétaire pour la langue française,

Ch. Dupin.

TROISIÈME DISCOURS *,

PRONONCÉ DANS LA SÉANCE PUBLIQUE DES QUATRE ACADÉMIES DE L'INSTITUT DE FRANCE, le 24 avril 1819.

INFLUENCE DES SCIENCES

SUR

L'HUMANITÉ DES PEUPLES.

MESSIEURS,

Il y a trois ans qu'à pareil jour, en ce lieu même, un écrivain célèbre **, déployant par degrés sa pensée, avec des précautions oratoires pleines d'art et de bonheur, fit entendre ces paroles : « Je ne crains pas de le dire, un peuple qui ne serait que savant pourrait demeurer barbare ; un peuple de lettrés est nécessairement un peuple sociable et poli. »

Je me propose, aujourd'hui, d'examiner

* Ce discours est extrait d'un écrit trop étendu pour pouvoir être lu tout entier dans une séance de l'Institut. Quelques notes indiqueront les suppressions principales que l'auteur a dû faire pour ne pas dépasser les bornes qui lui étaient assignées.

** M. de Fontanes.

quelle est l'influence exercée par les sciences sur l'humanité des nations et sur leur sagesse.

Rappelons-nous d'abord ces législateurs qui puisèrent dans l'Orient les principes des sciences physiques et morales. Ils arrachent les peuples européens à la barbarie des premiers âges; et n'imposent des devoirs, que pour consacrer des droits, ou sanctifier des vertus. Par ces bienfaits, le nom de sage, qui d'abord ne voulait dire que savant, est rendu si vénérable qu'on ne l'accorde plus simplement au savoir, mais au savoir dirigé par la vertu même. Enfin les successeurs de ces grands hommes, quoique héritiers de leur génie et de leurs vertus, refusent un titre trop beau, et n'osent plus aspirer qu'au nom modeste d'amis de la science et de l'humanité.

. . . . *.

Comparons maintenant, dans leur grandeur et dans leur décadence, les deux peuples les

---

* Ici l'auteur examine l'influence exercée par les écoles de Pythagore, qui faisait un précepte du silence et du mystère; de Socrate, qui n'employait que le langage le plus vulgaire pour propager les vérités les plus sublimes; et de Platon, qui prodiguait les richesses de l'imagination et toutes les ressources du style, pour embellir par des fictions le tableau de la nature et les préceptes de la philosophie.

plus fameux de toute l'antiquité : les Grecs et les Romains. L'un et l'autre nous ont laissé, dans tous les genres d'écrire, des modèles inimitables. Mais l'un a cultivé les sciences, l'autre les a dédaignées ; vous allez voir quel est celui qui fut heureux, humain et digne de notre envie.

Les Grecs, amis de toutes les gloires, de toutes les connaissances, de tous les nobles spectacles, excellèrent à faire naître et à goûter tous les plaisirs de l'esprit, toutes les jouissances du cœur. Ils accordaient des palmes et des couronnes, à la force qui savait vaincre, à la grâce qui savait plaire, au génie qui savait instruire.

Dans les beaux sites de Némée, de Delphes et d'Olympie, s'élevaient des amphithéâtres assez vastes pour recevoir les citoyens de toutes les nations amphictyoniques. Ces arènes n'étaient pas seulement destinées aux jeux du disque, du pugilat et de la course. C'est là qu'on préparait un trône à Pindare, lorsqu'il s'avançait pour célébrer les héros et les cités. C'est là qu'Hérodote, inspiré par l'histoire, lisait ses neuf livres honorés du nom des neuf muses, par l'admiration de tout un peuple. C'est là que Méton, éclairé par l'astronomie, expliquait sa période, aussitôt nommée le Cycle d'or. Enfin, c'est là que Platon retrouvait sa gloire, en ramenant la philosophie, des prisons de Syracuse à l'assemblée des peuples libres. Tous ces hommes illustres étaient salués avec le même enthousiasme; leurs fronts couronnés avec la même pompe; et leurs gloires, si diverses, proclamées avec le même éclat, aux acclamations de douze peuples que la fortune avait confédérés, moins encore par les liens du sang et de l'intérêt, que par un même amour du vrai, du grand et du beau.

Supérieurs aux nations contemporaines, dans leurs institutions, leurs lumières et leurs talents, les Grecs semblent destinés à marquer la hauteur où peut s'élever l'espèce humaine. L'ancien monde est civilisé par leurs bienfaits. Ils subjuguent Carthage, et pour prix de la liberté qu'ils lui rendent, ils exigent qu'elle cesse d'être barbare, et d'immoler des victimes humaines. Dans leurs beaux jours, pour guider les essaims d'une population que la prospérité fait croître avec une étonnante rapidité, ils envoient en colonie les sciences et les arts, sur tous les rivages des mers où peuvent aborder leurs vaisseaux.

Le midi de l'Italie, régénéré par eux, devient l'école de Pythagore et le berceau de la vertu. En policant cette contrée, ils en font une autre Grèce, que les nations appellent Grande, non pour son étendue, mais pour la sagesse et l'humanité des lois qu'ils y proclament.

Leurs pavillons sont arborés sur les rives du Nil. Aussitôt, à l'appel de leur voix, l'expérience des siècles passés, soulevant son bandeau sacerdotal, ouvre les portes de ses temples, sort du séjour des tombeaux, et se révèle aux vivants; aux peuples comme aux rois; aux sages comme au vulgaire. Pour elle, il n'est plus de profanes : ses mystères vont dévoiler leurs vérités profondes; les Grecs initient l'univers. Ainsi, dans la seule Alexandrie, au sein d'un temple des muses, ils offrent aux nations les trésors du savoir de toute l'antiquité.

Ces illustres exemples n'éclairèrent pas les Romains. Conquérants de la Grèce, non-seulement ils en méprisent les plus fécondes, les plus pures lumières sur la réalité des choses; mais, dépouillant toute pudeur, ils vont en foule auprès des sophistes, mendier les moyens de captiver, de séduire et d'entraîner par des paroles. Tout les pousse à ce but. Les Romains, maîtres du monde et libres encore, l'éloquence, qui les gouverne, est la reine de l'univers; et bientôt elle abuse de son empire. Pour un orateur immortel dont, par caprice, elle aime à couronner la vertu, elle se prostitue à mille ambitieux qui captent ses faveurs en employant tous les arts et tous les artifices. Voyez-les demandant, avec la même avidité, des armes au dialecticien, des séductions au mime, des piéges au rhéteur; mais rien au sage qui n'enseigne, dans le silence des passions, qu'à chercher la modeste vérité, par l'étude innocente et paisible de la nature.

Les Romains, entraînés par les inspirations de leur orgueil et les prenant pour l'ordre du destin, se croyaient appelés à régir les empires, à triompher des nations superbes, et, disaient-ils, à protéger les faibles cités, qu'ils n'en courbaient pas moins ensuite sous le joug. Ils ont été long-temps terribles, et ne furent jamais heureux ! Les sciences et les arts ne vinrent pas adoucir, dans leur âme, une férocité que finit par rendre implacable leur ambition toujours croissante. Vainement un législateur, formé dans la savante école d'un sage de la Grèce, donne aux Romains des lois pacifiques, première base de leur grandeur. La force du naturel emporte ce peuple impétueux et dur. Il se constitue pour la guerre, et pour la conquête, qui, par le chemin de la gloire, l'entraîne à la servitude. D'abord le carnage n'est à ses yeux qu'un moyen forcé d'envahissement et de domination. Par degrés, le temps en fait une habitude, un besoin, une volupté! C'est trop peu que les soldats s'en repaissent; il faut le faire savourer aux citoyens, aux femmes, aux enfants! Ces Romains qui, dans leurs discours, n'osaient pas nommer la mort, la prennent pour leur spectacle favori. Rapprochement incroyable! c'est quand Plaute introduit à Rome la riante comédie, c'est alors qu'une barbarie raffinée institue les combats de gladiateurs; et pourtant la tragédie ne peut fleurir chez ce peuple sanguinaire. Eschyle, Sophocle, Euripide, honneur d'un siècle de lumières et d'humanité, les catastrophes si frappantes, les malheurs si touchants que vous peignez avec les traits du génie, sont faibles et sans charmes pour les Romains. Ils préfèrent, à la vue de vos tableaux, le spectacle de la réalité même. Il faut que de vrais captifs, réservés dans les combats pour ensanglanter les fêtes triomphales, soient traînés dans les arènes, jetés aux bêtes dévorantes, ou forcés de s'égorger entre eux.

Voilà donc ces Romains si vantés pour leurs vertus, comme s'il était des vertus qui suppléent à l'humanité! Les voilà tels qu'ils étaient au siècle poli d'Auguste. Les voilà tels que n'ont pu les changer les chefs-d'œuvre des Cicéron, des Horace et des Virgile; des Ovide, des Tibulle et des Catulle; des Salluste; des

César et des Tite-Live. Combattre, dompter et détruire, voilà leur savoir et leurs beaux-arts; aussi tout plie sous leur effort. L'Afrique est déjà leur conquête, la Grèce envahie leur ouvre le chemin de l'Orient, l'Occident est soumis; ils sont maîtres de l'ancien monde : et l'instant d'après, un seul homme se rend leur maître.

Alors les dieux commencent la vengeance de l'univers. Le proscripteur Auguste fait pleurer sur César et sa parricide clémence; Tibère fait regretter Octave; Caligula, Tibère; et Néron, Caligula! Et le peuple romain, toujours ignorant, toujours féroce, vendant sa gloire pour du pain, sa liberté pour des spectacles; et quels spectacles! esclave dans ses murs, et tyran dans les provinces; abhorré des peuples conquis, et méprisé des autres peuples; assailli de toutes parts, tombe enfin sous les coups redoublés des barbares. Il ne conserve pas même son idiome et le nom de ses familles. Il se perd et disparaît tout entier dans la population des Longobards, des Huns, des Goths et des Vandales.

Revenons un moment à l'époque où l'empire de Rome s'élève sur les débris de tous les autres empires.

Alors les Grecs, chose étonnante, souffrent moins que les Romains mêmes, du despotisme appesanti sur l'univers : il faut expliquer ce phénomène de la civilisation.

Un respect involontaire pour les chefs-d'œuvre du génie, faisait traiter la Grèce avec une douceur inconnue dans les autres proconsulats. La Grèce entière était l'école de la jeunesse patricienne ; elle était chérie de l'âge mûr, comme nous chérissons les lieux où le savoir de nos maîtres a formé nos esprits, et préparé les succès de notre vie. Cicéron plaidant avec tant d'éloquence et de sollicitude pour son maître Archias, est l'emblème et l'exemple de la protection romaine, accordée aux lettres grecques. Les écoles d'Athènes offraient leurs dons à tous les caractères. Un petit nombre d'hommes héroïques, les Cassius, les Caton, les Brutus, allaient sous les voûtes du portique, donner à leur âpre vertu, la trempe du stoïcisme. Mais cette philosophie, qui montrait aux Grecs à tout supporter en hommes, depuis la pauvreté de Diogène jusqu'à l'esclavage d'Épictète, ne pouvait porter les Romains qu'à se percer le sein, à s'ouvrir les veines, à s'arracher les entrailles, pour échapper à la privation de leurs biens les plus chers : la liberté chez eux et la domination chez les autres. La foule des âmes faibles, les Pollion, les Pomponius et les Mécène, allaient dans les jardins d'Épi-

cure et d'Académus se nourrir d'une philosophie parlière et dégénérée, rendre polie et
voluptueuse une existence qui ne pouvait plus
être glorieuse et magnanime. Ils s'efforçaient,
pour devenir parfaits dans l'art de plaire, de
donner à leur urbanité le charme de l'atticisme ; de l'atticisme, cette grâce de la simplicité, qui forme son élégance avec les ornements
du naturel. Voilà comment ils apprenaient à
devenir les plus polis des esclaves, les plus
sociables des affranchis ; sans, pour cela, ces-
ser d'être les plus impitoyables des maitres et
les plus sanguinaires des tyrans.

. . . . *.

Franchissons ce long intervalle de désolation
et d'ignorance, qui vit les peuples de l'ancien
monde disparaitre avec leur civilisation. Hâ-
tons-nous d'arriver à des temps plus heureux,
et présentons le tableau des sciences ramenant
par degrés vers l'humanité les nations euro-

* Ici l'auteur considère les effets de la décadence des
sciences physiques et morales, chez les peuples asservis
par les empereurs d'Occident et d'Orient, le caractère
et les effets de la philosophie des Arabes, la destruction
de leur empire dans les Espagnes ; les persécutions que
les sciences éprouvent dans ces dernières contrées, et
l'influence que ces persécutions exercent sur les mœurs
des enfants de l'Ibérie.

péennes. Une ère nouvelle a commencé. De toutes parts l'érudition a recueilli les débris, et restauré l'édifice du savoir des anciens. La science a cessé d'être le patrimoine d'un seul empire. Elle ne s'éteint plus chez un peuple avant de naître chez un autre. Les fureurs d'un nouvel Omar ne pourraient plus, dans un seul incendie, anéantir les monuments intellectuels de tout un monde. Or, l'ambition qui ne peut plus anéantir, Protée du cœur humain, devient l'ambition qui conserve et qui protége ; ainsi la protection des sciences et des arts devient une arme morale entre les mains des conquérants. C'est déjà l'hypocrisie de la force adorent l'autel du savoir. Mais en même temps, le jour approche où la concurrence et l'émulation des gloires nationales tourneront le patriotisme des esprits supérieurs, vers une arène où chaque victoire est un service pour l'espèce humaine, est un triomphe pour le peuple qui rend un semblable service à l'univers.

L'Allemagne et la France, l'Italie et l'Angleterre entrent dans la lice des sciences, et le même siècle voit paraître Képler et Galilée, Bacon, le précurseur de Locke, et Descartes, le précurseur de Newton.

Grâce aux efforts de ces grands hommes, de proche en proche, la marche sûre et l'esprit rigoureux des sciences exactes, sont étendus toutes les branches des connaissances humaines, même à l'analyse des facultés et des opérations de notre entendement.

La philosophie naturelle, en élevant ses théories jusqu'aux sujets les plus brillants et les plus sublimes, n'a point dédaigné pour cela les intérêts de l'humanité souffrante et pauvre. Pendant plus d'un siècle, elle lutte avec mille préjugés, pour soustraire l'enfance à ce fléau contagieux, qui ne respecte ni l'âge, ni le sexe; qui tantôt donne la mort et tantôt la difformité. Chantres des grâces, vos mains errant sur le luth et sur la lyre, célèbrent la beauté; mais les nôtres l'empêchent d'être flétrie avant d'éclore et d'avoir inspiré votre génie. Quels bienfaits répandus sur les infortunés qui n'ont pas reçu de la nature, les sens les plus essentiels à la sécurité, au bonheur de l'existence! Certes, ce n'est ni par la poésie, ni par l'éloquence, que l'idéologie a pu s'ouvrir la route à l'entendement et au langage des sourds et muets. Voyez comment cette science, en combinant les perceptions du tact et du goût, de l'ouïe et de l'odorat, supplée à l'absence des perceptions de la lumière dans l'éducation et dans l'instruction des aveugles. Comment, par ses progrès et par ceux de la

physiologie, on adoucit, on exécute avec bonheur des traitements par lesquels on ne faisait
jadis que rendre, chaque jour, plus aliénés, les
malheureux privés de la raison.

D'autres sciences produisent d'autres bienfaits. L'optique nous conserve la vue des objets, tantôt des plus lointains, tantôt des plus
rapprochés. La méchanique supplée, par ses ressorts ou ses appuis, à la perte de nos membres :
ici, plie le lit du malade à tous les mouvements
qui peuvent épargner la douleur; là, soustrait
la couche du patient à tous les mouvements
qui peuvent troubler le repos, et retarder l'effet
réparateur de la nature; ailleurs, invente des
instruments variés, pour des opérations où la
souffrance et le péril sont réduits aux moindres
chances comme à la moindre durée.

Entrons dans le réduit du pauvre. Qu'une
fausse délicatesse ne révolte pas nos esprits, au
récit de bienfaits trop vulgaires peut-être aux
yeux de l'opulence, mais sacrés pour l'humanité reconnaissante. Qui donc a découvert
pour le pauvre, et naturalisé pour lui, dans
nos climats, cette racine dont la pulpe blanche
et pure remplace avec abondance le pain noir
de la misère? Qui donc a tiré pour lui des sucs
nourriciers, de l'ossature même des animaux?
Qui donc a trouvé des moyens économiques de

le chauffer, de le vêtir, de le mettre à l'abri de l'injure des saisons? Qui donc, enfin, s'efforce à tout instant de tarir la source de la pauvreté même, en variant, en multipliant les moyens de travail pour employer, selon son adresse et ses forces, le vieillard, la veuve et l'orphelin? Qui, Messieurs, c'est la science. Certes, il est beau, il est sublime, de prêcher la charité; l'éloquence n'a pas de plus sacré ministère. Mais, s'il nous fallait donner le prix entre l'éloquence qui nous invite à bien faire, et la science qui fait le bien sans invitation, de quel côté tomberait votre choix? Ce n'est pas à votre esprit, c'est à vos cœurs que j'en appelle! et je suis sûr de leur réponse.

Le sentiment qui nous porte à secourir nos semblables, a besoin lui-même d'être éclairé par les sciences morales et politiques, pour ne pas produire des effets entièrement opposés à son objet si digne d'éloges. Ainsi la charité de la grande Élisabeth, sublime dans ses motifs, a répandu sur la plus industrieuse des contrées, une lèpre dévorante, que les Anglais désignent avec effroi sous le nom de *paupérisme*. Vainement les sciences et les arts offrent chaque année de nouveaux procédés d'industrie, pour occuper les bras oisifs; la prime de l'aumône a des encouragements plus puissants que les dé-

couvertes du génie; et la misère individuelle de
la plus riche des nations, augmente avec encore
plus de rapidité que les ressources de son commerce, de son agriculture et de son industrie *.

Parlons maintenant d'autres services rendus
par la science à la société. En créant l'arithmétique politique, elle a jeté les fondements
de la science économique; elle a donné des
idées justes sur les moyens d'enfanter, de développer, de conserver la richesse des nations.
Elle a répandu sa lumière sur des transactions
importantes, et privées et publiques. Par la
théorie des probabilités, les événements les
plus fortuits en apparence, les incendies et les
naufrages ont été calculés et limités dans leur
nombre probable. En obtenant un sacrifice à
peine sensible aux intéressés, on a détourné
de toutes les têtes, des malheurs qui jusqu'a-
lors détruisaient l'aisance et la félicité d'une
foule de familles isolées. Enfin, la théorie des
échanges a fait voir que le commerce n'est pas,
comme on l'a prétendu, défavorable pour un
peuple, par cela même qu'il est favorable pour
un autre : seulement, il est profitable à des

* Depuis l'époque où fut prononcé ce discours, les
bienfaits d'une paix profonde ont fini par transporter l'a-
vantage du côté du travail et de l'industrie fécondés par
les sciences. Déjà le nombre des pauvres diminue.

degrés qui varient suivant les lumières, l'adresse et l'activité des parties contractantes*.

Ainsi, par les calculs positifs de la science, bien plus que par les exhortations vagues d'une philanthropie loquace, les hommes ont appris que leurs prospérités sont essentiellement amies, et qu'elles se prêtent un mutuel secours. Cette vérité n'est pas encore assez répandue pour avoir force d'autorité. Mais elle est hors de doute dans les esprits supérieurs. Grâce à leurs efforts, elle descend de proche en proche vers les classes les moins éclairées de la société. Un jour elle sera généralement reconnue. Elle rendra les lois plus efficaces, plus libérales et plus sages. Elle rendra les traités plus équitables, et par là, plus respectés. Elle rendra les guerres moins fréquen-

* Peu d'années après l'époque où fut prononcé ce discours, on a vu l'Angleterre commencer la réforme de ses lois de navigation, et se préparer de nouvelles prospérités commerciales, en abolissant par degrés ses antiques prohibitions. Ce qu'il y a de plus remarquable, et qui confirme le mieux la gradation des connaissances d'utilité générale dont nous parlons ici, c'est que les lois nouvelles données à la Grande-Bretagne, n'ont été d'abord comprises dans leurs bienfaits, que par les ministres éclairés qui les ont conçues, et par quelques savants en économie politique. Le reste de la nation les a combattues à leur naissance, et les bénit maintenant.

tes et moins follement désastreuses ; et l'humanité en sera redevable aux travaux des sages.

L'étude des sciences établit, sur ce qu'il y a de plus certain dans nos connaissances, un tribunal d'opinion qui d'abord habitue les esprits élevés, des diverses nations, à rapprocher leurs idées, à concilier leurs jugements, à reconnaître une juridiction commune : celle de la raison.

Ici nous devons distinguer la marche de l'esprit humain, dans les travaux d'application qui constituent l'industrie, et dans les pures conceptions qui forment le domaine intellectuel de la science.

L'industrie excitée, aveuglée trop souvent par l'appât des richesses, voudrait marcher à leur conquête par toutes les voies du talent, de l'adresse et de la force. Observez-la chez les diverses nations qui soumettent leur politique aux lois de son égoïsme. C'est elle qui cache ses progrès pour jouir de leur bénéfice exclusif. C'est elle qui crée des monopoles, des maîtrises, des priviléges, pour diminuer le nombre des concurrents au sein de la patrie. C'est elle qui s'indigne à la pensée des prospérités étrangères et rivales. C'est elle qui demande, par les prohibitions, des préférences qu'elle ne peut obtenir dans un libre concours. C'est elle qui veut la guerre, quand la paix sourit moins à ses efforts; et du sang, quand le sang peut solder ses produits. . . . .

Mais la science n'a rien à trafiquer, rien à cacher, rien à prohiber. Ses trésors sont égaux à ses largesses; ses brevets d'invention sont des leçons ouvertement données à tous les rivaux de l'inventeur. Son langage, sans mystères, est entendu d'un bout à l'autre de l'Europe. Plus les peuples par son secours se communiquent leurs idées, plus aussi s'abaissent les barrières élevées entre eux par l'ignorance et les préjugés; moins l'aveugle haine contre l'étranger souille les cœurs embrasés d'un généreux patriotisme. Loin d'enfouir dans le fond des ateliers, les découvertes de la science, chaque peuple s'empresse à proclamer ces découvertes, comme un beau titre de gloire : il s'empresse à revendiquer, non pas le profit de leur monopole, mais l'honneur de leur présent fait à toute l'humanité. C'est par ces luttes sublimes que les nations européennes renouent et, chaque jour, serrent davantage, les liens d'amitié que la guerre a brisés trop de fois!

Il faudrait maintenant suivre ce progrès dans l'esprit social des nations. Rendre aux lettres, secondant les sciences et la philosophie, la justice la plus entière et la plus éclatante. Montrer comment l'art de bien dire et l'art de bien penser, l'un par son charme, et l'autre par sa force, peuvent triompher des obstacles que leur opposent l'ignorance, les préjugés et les faux intérêts. Le temps nous manque pour tracer ce vaste tableau, et nous ne pouvons que jeter un dernier regard sur l'influence qu'ont exercée les sciences, dans les relations de peuple à peuple, en ces temps modernes.

Depuis trois siècles, on a vu chez les diverses nations policées, des académies réunir par un lien de confraternité, non-seulement les doctes d'un même empire, mais les savants les plus illustres des autres peuples. De toutes parts on a fait un appel à tous les talents. Des prix ont été proposés pour la recherche de vérités profondes et d'applications utiles au genre humain. Les couronnes du savoir, offertes par les amphyctions de la science, aux hommes les plus habiles de tous les pays, ont été décernées, sans faire une injuste différence entre les droits des nationaux et les droits des étrangers.

La guerre n'a pu rétrécir le champ de ces paisibles concours, ni fausser leur équité. Ainsi, dans la société savante qu'a présidée le plus grand des géomètres*, un prix était fondé

* La Société Royale de Londres, qui fut présidée par l'immortel Newton.

pour celui qui ferait la plus belle découverte dans les lois de la chaleur ou de la lumière. C'est Malus qui, par sa théorie de la polarisation, a mérité ce prix. Cependant on est au fort de la guerre. Les juges sont anglais, et le concurrent est français. La haine est exaspérée entre les deux nations, et par les victoires et par les défaites; par les chants des Tyrtées, les harangues des orateurs, et les pamphlets de mille écrivains faméliques, vil rebut de la littérature. Mais Thémis tient d'une main ses balances, et de l'autre le prisme de Newton, pour lequel il n'est point d'illusions mensongères. Elle va rendre ses arrêts dans le silence et le secret, pour se soustraire à l'influence des passions. L'Angleterre ne lui présente aucun écrit qui puisse entrer en concurrence avec l'œuvre du savant français. Alors la justice elle-même vient poser la couronne sur un front ennemi, sur un front empreint de cicatrices, honorables vestiges des sanglants combats livrés par nos guerriers à ceux des trois royaumes, sous les murs du Caire et d'Alexandrie.

L'académie des sciences, en accordant vers la même époque, au célèbre Davy, le prix des recherches galvaniques, n'a pas été moins impartiale et moins supérieure aux préjugés des haines populaires.

Mais la science ne s'est pas contentée d'être juste ; elle n'a voulu paraître impassible que quand il fallait l'être pour rester équitable. En tout autre moment elle s'est montrée humaine, bienveillante et secourable. Dans les querelles acharnées, qui depuis trente ans ont ensanglanté l'Europe, la civilisation, fille des sciences, n'a pas perdu tous ses droits. Maintefois elle en a fait le plus noble usage. L'institut de France et la société royale de Londres ont rivalisé de générosité et de philanthropie. Par leur intercession près des gouvernements, les prisons militaires se sont ouvertes en faveur du savoir. Dès qu'un captif a pu prouver que sa liberté serait utile aux progrès des connaissances humaines, l'autorité s'est rendue aux sollicitations des académies ; et la science, reconnaissante envers les gouvernements, a payé de ses présents les rançons de la guerre.

Les guerriers mêmes, participant à l'estime que les souverains et les peuples ont manifestée pour les travaux intellectuels dirigés vers la recherche paisible des vérités utiles, ont appris à révérer les hommes illustrés par ces travaux.

Afin de faire voir combien est grand ce respect de la force pour le savoir et ses bienfaits, je ne puis choisir d'exemple plus frappant et de témoignage moins récusable, que celui

qu'ont présenté les temps si voisins encore,
où des troupes étrangères campaient au sein de
la capitale. Alors les sentiments les plus hos-
tiles ne purent être adoucis dans les cœurs de
l'ennemi, et momentanément suspendus, que
par la marche impassible des sciences; que par
le spectacle de leur sénat, délibérant avec le
calme de la paix, au milieu du tumulte des
armes, et des violences de l'envahissement. Les
militaires étrangers, dépouillant l'arrogance
enfantée par les succès inaccoutumés, entraient
avec respect dans le sanctuaire des sciences,
pour y contempler ces hommes fameux, dont
la renommée européenne avait, depuis maintes
années, occupé leur esprit et frappé leur imagination. Ils voulaient voir les conservateurs
du feu sacré de la science, au milieu des tour-
mentes révolutionnaires. Ces hommes, d'une
activité plus qu'humaine, qui, dans le fort
du danger, se dévouant à la patrie, avaient
triomphé du dénûment de toutes choses, et
créé tout à coup, pour tant d'armées, le matériel de la victoire. Les étrangers, vaincus si
long-temps et tant de fois, étaient plus que
nous frappés par la grandeur de semblables
travaux! Ils voulaient voir ces hommes qui,
transportant la science au milieu des armées,
et la civilisation jusqu'aux Oasis du désert, ame-

nèrent en Égypte le savoir et les arts des modernes, puis rendirent à l'Occident les arts et
le savoir de l'antique Orient. Ils voulaient voir
les géomètres, les astronomes et les physiciens,
qui mirent tant de génie, de courage et de persévérance, à calculer les formes et les attractions
du sphéroïde de la terre ; qui l'ont toisé du
nord au midi pour en déduire, avec un art in-
fini, un système de poids et de mesures, fondé
sur des éléments impérissables comme la nature ; et, par son uniformité, par sa simplicité, fait pour détruire à jamais, dans une
foule de relations commerciales, les déceptions compliquées de la fraude et de la mau-
vaise foi. Ils auraient voulu pouvoir contempler à la fois, et distinguer d'un même
regard les compagnons des travaux de Dalembert, de Buffon et de Lavoisier ; les derniers
collaborateurs de l'Encyclopédie ; les courageux
bienfaiteurs de l'humanité, non moins héroïques que les soldats blessés qu'ils ont tant de
fois secourus sur le champ de bataille ; les ré-
novateurs et les promoteurs de la chimie, de
la physique et de l'histoire naturelle ; les inventeurs de mille nouveaux genres d'industrie,
qui rendent la vie de l'homme plus douce et
plus heureuse. Ils ne pouvaient croire que les
mêmes génies s'offrissent à leur admiration

sous tant de titres divers. Alors ils pensaient que cette nation qu'ils avaient vue si grande, si formidable dans les combats, n'était pas moins glorieuse dans les bienfaisants travaux des sciences et des arts.

Avec ce tableau fidèle, d'où nous voyons sortir, même aux temps les plus douloureux, des souvenirs qui suffiraient à l'illustration d'un autre peuple, terminons ce discours sur l'influence des sciences.

Depuis les Grecs jusqu'aux Français, j'ai montré le vrai savoir compagnon inséparable de la vraie gloire et de la philanthropie. J'ai montré comment les défaites des peuples ignorants ont été sans remède, parce qu'il ne reste rien à ces peuples, dès qu'ils n'exercent plus sur les autres la domination de la force ; comment, au contraire, des peuples éclairés, lorsqu'ils ont été trahis par la fortune, ont exercé l'empire de la pensée sur leurs propres dominateurs. D'autres leçons plus grandes et plus consolantes nous restent à recevoir. Déjà l'avenir sourit à l'espoir de la génération présente. Le commerce et l'industrie, à l'appel de la sécurité, déploient de nouveau leurs voiles, en invitant la science à se placer au gouvernail ; leurs succès répareront les pertes de la patrie, et ramèneront l'aisance au sein des familles laborieuses. Nous n'acquerrons pas la richesse, à la manière des Romains, pour perdre la vertu; parce que nos richesses seront le fruit du savoir et du travail, au lieu d'être celui de la rapine et de l'envahissement. Déjà la France enorgueillie a vu la fidélité, la concorde et la modération, rentrer sous le toit conjugal, et relever l'autel des vertus domestiques. Un philosophe a fait parler la voix de la nature; et nos mères, rappelées à la bonté de leurs cœurs, sacrifiant les vains plaisirs du monde aux plaisirs sacrés de la famille, replaçant nos berceaux au foyer de nos aïeux, sous la garde des dieux Lares; nos mères nous ont rendu leur tendresse avec leur sein. Notre enfance est devenue plus chérie et plus heureuse. On a découvert les moyens d'ouvrir nos esprits aux éléments de la science, sans flétrir par des pratiques austères le charme de nos premiers ans. Au nom des humanités, le pédagogue, en courroux, n'inflige plus à la jeunesse l'infâme traitement que les anciens réservaient pour leurs esclaves. Grâce aux efforts infatigables de vrais amis de l'humanité, un enseignement fraternel rend l'enfance utile à l'enfance*; il fait passer l'instruction, du fils du

* L'enseignement mutuel, qui subsiste encore, malgré

riche au fils du pauvre ; il cultive et fortifie l'intelligence d'une génération tout entière, en lui
donnant la constance d'attention qui produit
la force de l'esprit, et qui déploie l'énergie du
caractère. Ainsi les éléments de l'instruction
et de la prospérité sont offerts aux rejetons
de tout un peuple.

Pour voir la France heureuse au dedans et
révérée au dehors ; pour voir sa renommée se
conserver avec éclat chez les nations circonvoisines, et se propager en grandissant jusqu'aux
nations les plus éloignées, ce qu'il nous faut,
c'est du savoir et de la paix. Puisse donc la
science, soutenue, dirigée par la modération
forte qu'elle inspire, être de plus en plus cul-
tivée sur notre terre féconde ; y croître pour
la jouissance et la grandeur des générations à
venir ; y jeter des racines profondes, qui rendent
à la fois plus fortes et plus durables, les vertus
privées et publiques. Par ces travaux, par ces
progrès, nous ferons reposer sur des bases que
le temps consolide, au lieu de les détruire, la
sagesse des citoyens ; le bonheur de la patrie,
et la gloire du nom français. [illegible]
[illegible]
les efforts infinis des préjugés et des passions, pour empêcher cette méthode excellente, de répandre, sur notre
patrie, les immenses bienfaits qu'elle peut produire.

QUATRIÈME DISCOURS,

LU DANS LA SÉANCE PUBLIQUE DE L'ACADÉMIE DES SCIENCES,
LE 27 MARS 1820.

PROGRÈS DES SCIENCES ET DES ARTS

DE LA MARINE FRANÇAISE,

DEPUIS LA PAIX.

MESSIEURS,

JE vais essayer de suivre, dans leurs progrès les plus récents, les connaissances relatives à la marine. Je partirai de l'époque où la paix, en mettant un terme à des luttes sanglantes, n'a plus permis aux défenseurs de l'état, de le servir autrement que par des méditations, des veilles et des travaux industriels ou scientifiques.

Ce n'est pas au milieu de la guerre que la marine peut faire les plus grands pas vers la perfection. La condition essentielle est alors de produire beaucoup en peu de temps; de sacrifier, s'il le faut, les moyens rigoureux aux moyens expéditifs, et la route la meilleure en elle-même à la route la mieux connue de tous. Mais au retour de la paix, l'extrême rapidité des opérations descend au rang des conditions secondaires : c'est le temps de lutter contre les difficultés longues à surmonter, et d'apprendre péniblement à rendre facile et prompte la parfaite exécution des travaux les plus compliqués.

Voilà, Messieurs, ce qu'ont entrepris les marins de toutes les classes, de toutes les professions. Ils ont fait la revue de leurs arts variés, en s'efforçant d'y porter le flambeau de la théorie.

L'architecture navale, quoique placée au premier rang parmi ces arts, promettait peu de découvertes à des recherches nouvelles; et la cause en est honorable pour la France. Dès son début dans la carrière, un ingénieur célèbre *, que l'Institut a reçu dans son sein, et qui cette année préside l'Académie, avait su donner à la carène de nos vaisseaux, ces formes heureuses dont tous les éléments sont si bien combinés, qu'ils procurent au navire la rapidité du sillage, la douceur des mouvements, la facilité des évolutions : et l'on n'a-

____

* Le Baron Sané, ancien inspecteur-général du génie maritime.

cheta point ces dons précieux de la mobilité, aux dépens d'une stabilité plus précieuse encore, sur l'élément des tempêtes et des naufrages.

Cet hommage, que je rends aux travaux du maître sous lequel j'ai fait mes premiers pas dans la carrière, n'est qu'un faible écho de l'hommage qu'il a reçu de nos rivaux mêmes, au plus fort des inimitiés d'une guerre implacable. Écoutons le jugement prononcé par les commissaires de la marine britannique, dans un rapport solennel, adressé au souverain et transmis au parlement, sur les moyens de perfectionner les éléments de la force navale *. « Lorsque nous avons construit exac- « tement, d'après la forme des meilleurs vais- « seaux français, disent-ils, et que nous avons « joint nos talents d'exécution aux connais- « sances théoriques de nos rivaux, nous avons « obtenu des bâtiments reconnus pour les « meilleurs de notre marine. » Nous avouerons à notre tour, avec la même franchise, que les Anglais nous ont fourni d'utiles exemples, pour perfectionner maintes parties de

* Troisième rapport, fait au roi d'Angleterre par les commissaires chargés de la révision des affaires civiles de la marine de l'État, page 194. Ordre d'imprimer, 16 juillet 1806.

nos travaux, surtout depuis la paix. Nous cherchons à construire des bâtiments de guerre
plus redoutables dans l'attaque, et moins
faibles dans la défense. Il s'agit aujourd'hui
de rendre leurs batteries plus profondes, plus
libres, plus commodes pour le service de la
nombreuse artillerie qui fait toute leur puissance; il s'agit, en élargissant cet espace, de
le couvrir de bouches à feu d'une force plus
grande. Grâces aux calculs appuyés sur des
théories maintenant bien connues, nous pouvons obtenir ces avantages nouveaux, sans
faire perdre aux navires les qualités qu'ils ont
précédemment acquises.

On a poussé plus loin les innovations. La
proue, et surtout la poupe, étaient surchar-
gées de pilastres et de corniches, de festons et
de guirlandes, de bas-reliefs et de statues.
Sous ce luxe bizarre étaient cachés des points
faibles par où les projectiles pénétraient sans
rencontrer aucun obstacle, parcouraient le
vaisseau dans toute sa longueur, et renver-
saient les défenseurs, déployés suivant cette
même direction, comme pour recevoir plus
sûrement la même mort des mêmes coups.
Aujourd'hui l'on s'occupe des moyens de rendre partout également résistante, une cita-
delle partout également exposée. L'on méprise

un vain ornement, et l'on conçoit qu'il n'est pour les navires de l'État qu'une seule parure qui les puisse embellir : c'est la guirlande et la couronne d'un véritable laurier, attaché par la victoire aux poupes et aux proues du triomphateur.

En sacrifiant ce qui peut plaire à ce qui doit défendre, ne croyez point, messieurs, qu'une injuste haine pour les beaux-arts nous fasse dédaigner leurs chefs-d'œuvre. Au contraire nous redoublons d'efforts, afin de conserver les débris échappés à l'incurie de l'ignorance, au vandalisme des révolutions.

À Toulon, des trophées dignes des victoires qu'ils rappellent, embellissent, depuis la paix, les collections de la science et de l'industrie.

Sous Louis XIV, l'auteur du Milon de Crotone et du saint Sébastien, sculptait pour la marine française, dans le plus grand arsenal de la Méditerranée. Son ciseau produisait les statues et les bas-reliefs destinés à décorer les navires que Duquesne a montés pour défaire les Espagnols et vaincre Ruyter aux rives de la Sicile. Avec des soins infinis, on a sauvé de la destruction le bois trop peu durable sur lequel est sculptée l'œuvre du Puget; et plusieurs générations de héros pourront encore chercher des émotions et des inspirations, en admirant ces monuments glorieux d'un âge qui s'offrira toujours à notre imagination, au même rang que les âges consacrés par les noms d'Auguste et de Médicis *.

Tandis que les beaux-arts, rendus au luxe de la paix, s'éloignent de nos vaisseaux, les sciences du calcul, de la géométrie et de la méchanique soumettent à leurs lois des formes jusqu'alors arbitraires et capricieuses. Par leurs secours on s'efforce à déterminer le degré de résistance qu'il est possible d'atteindre dans toutes les parties auparavant trop vulnérables. Des essais heureux sont tentés sur des frégates **, d'autres le sont sur des vaisseaux. Le temps, qui détruit si promptement tout ce qui flotte sur la mer, et qui force la main de

---

* Voyez la description que nous avons donnée de ces sculptures, et les rapports faits sur cet objet à l'Académie des beaux-arts de l'Institut de France, dans les *Mémoires sur la marine et les ponts et chaussées de France et d'Angleterre.*

** Nous citerons les frégates construites sur les plans de M. Bretocq, directeur des constructions navales, au port de Cherbourg, et de M. Simon, officier supérieur au corps du génie matitime. Une autre frégate doit être exécutée en adoptant divers perfectionnements proposés par l'amiral Willaumez, si connu par ses beaux combats dans l'Inde et par son expérience dans toutes les parties de son art.

l'homme à réédifier sans cesse, le temps aura bientôt remplacé par des navires plus redoutables, les bâtiments de guerre construits sur des principes moins sages.

Vous serez étonnés, sans doute, quand vous verrez l'étendue de ces ravages opérés si rapidement par le seul effet des années ; sans compter les destructions subites des batailles et des tempêtes. Vous en prendrez quelque idée, si vous considérez un moment ces vaisseaux du premier rang, dont la charpente massive n'offre que des arbres énormes artistement travaillés, pour les adapter à des formes précises ; contournés avec adresse, pour ne rien diminuer de leur force naturelle ; combinés les uns avec les autres, pour se prêter un mutuel support ; et de toutes parts traversés, attachés, enlacés par des colliers et des chaînes, des axes et des courbes, des mains et des bras, ou d'airain ou de fer. Eh bien ! malgré tant de moyens accumulés par la prévoyance, quatorze ans suffisent aux forces invisibles, mais infatigables de la nature, pour porter le délabrement et la vétusté dans ce chef-d'œuvre de nos arts. L'action combinée du poids d'une masse inerte et des répulsions inégales de la mer qui presse sa carène, la corrosion produite par des eaux saturées d'un principe destructeur, les alternatives de sécheresse et d'humidité, de froid et de chaleur de l'atmosphère : voilà les causes de la courte durée des plus beaux édifices de l'architecture navale.

S'il est impossible à l'homme de suspendre les ravages du temps, il peut du moins retarder et diminuer ces ravages : tel doit être, tel est le but de nos efforts. A tous les moyens suggérés par l'expérience de nos concitoyens, nous joignons les moyens empruntés des peuples les plus ingénieux. Le Hollandais nous apprend, par un simple mastic *, à garantir de l'action galvanique et préserver de la corrosion, ces chevilles, ces clous de fer, cachés sous le cuivre d'un doublage qui procure à la marche du navire une rapidité nouvelle. L'Anglais, en donnant une direction oblique et bien combinée aux grandes liaisons de la charpente des vaisseaux, reproduit, perfectionne à beaucoup d'égards, et rend en quelque sorte nouveau, un système ** qui prit naissance en

* C'est M. Rolland, inspecteur général du génie maritime, qui a fait connaître à la marine française ce moyen conservateur, dans un mémoire rédigé à la suite d'un voyage que cet inspecteur général a fait en Hollande.

** En 1818, la construction d'un soixante-quatorze, suivant ces nouveaux principes de charpente, a été résolue. Dans la frégate de M. Simon, à laquelle l'amiral

notre pays, et qui ne permet plus à la carène de se déformer par l'action de la mer.

A ces améliorations principales se rattachent une foule de perfectionnements, dans les arts variés qui concourent à la construction, au gréement, à l'armement d'un navire. Une pompe nouvelle *, simple dans sa structure, facile dans sa manœuvre, et puissante dans son effet, donne une sécurité plus grande contre le danger d'une voie d'eau ; danger si redoutable lorsqu'on est loin de la terre et privé de tout secours.

Souvent les tempêtes, sans endommager la carène, arrachent le gouvernail, l'engloutissent, et laissent le navire à la merci des flots, au moment où leur fureur est le plus à craindre. On a trouvé ** le moyen de construire et de placer avec plus de célérité qu'on ne l'avait

Willaumez a proposé de faire des améliorations, on va suivre le même système.

* M. Pierre, de Cherbourg, a fait connaître, en 1819, la pompe ingénieuse qu'il vient d'inventer, et dont la marine s'est empressée d'ordonner l'examen : on a commandé pour le port de Brest, plusieurs pompes de cette espèce.
** C'est à M. Dusseuil, capitaine de frégate, en retraite, que la marine française est redevable de la nouvelle installation du gouvernail de rechange. Les épreuves toutes récentes faites à Brest, d'après des ordres supérieurs, ne laissent rien à désirer sur le succès de ce moyen.

fait encore, un nouveau gouvernail qui rend soudain au timonier son empire sur la mer.

Dans les mouillages, on commence à combiner l'usage des câbles de fer * avec celui des câbles de chanvre. Ces derniers, moins chers, résistent mieux contre un choc violent et brusque. Mais les premiers l'emportent par la durée; ils perdent beaucoup moins de leur force par l'action de l'eau, de l'air et de la chaleur; et lorsque l'ancre est jetée sur des fonds hérissés de pierres aiguës, ils ne peuvent pas être coupés par un frottement de quelques heures contre le tranchant des rochers.

Vous avez pu remarquer, messieurs, à l'exposition des produits de notre industrie **, auprès des riches tissus réservés pour l'opulence, d'autres tissus plus modestes, grossiers dans leur aspect, mais légers, pour leur force, et destinés à servir de voiles à nos vaisseaux. Les juges du concours ont déclaré ces derniers

* On a pour la première fois installé ces câbles à bord de *l'Isère*, de *la Loire*, etc., en 1818, dans le port de Dunkerque, puis dans le port de Brest.

** M. Leboucher Villegaudin, de Rennes, a obtenu, dans la dernière exposition des produits de l'industrie (1819), une médaille d'argent, pour les progrès qu'il a fait faire à la fabrication de ces toiles. Rapport du jury central, p. 67 et 68.

tissus plus parfaits que les meilleurs produits du même genre, fabriqués jusqu'à ce jour. Un art bien simple en apparence, et qui pourtant demande les secours de la physique, de la chimie et de la méchanique, la corderie s'est récemment perfectionnée dans nos ports *. Par une torsion plus savante, on obtient des câbles et des cordages qui contiennent moins de matière, et pourtant ont plus de force que les produits des anciens procédés. Si le gréement de nos mâts et de nos voiles peut être désormais rendu plus léger, plus favorable à la facilité, à la rapidité des manœuvres, c'est grâces aux travaux récents d'un ingénieur ** qui, dans le port d'Anvers, construisait vingt vaisseaux à la fois, et présentait le spectacle d'une flotte entière, naissante, et s'élevant sur la rive conquise d'un

* En 1817, 1818 et 1819.

** Le baron Lair, alors directeur des constructions navales, à Brest, et maintenant inspecteur-général-adjoint du génie maritime. En conservant à tous les fils une égale tension dans le commettage, en réglant avec une précision nouvelle la marche du chariot qui détermine le degré de la torsion, le baron Lair a fait exécuter des cordages plus forts qu'on n'en avait fait jusqu'alors dans nos arsenaux. On verra bientôt jusqu'à quel point cette augmentation de force permet de diminuer la grosseur de toutes les parties du gréement d'un navire.

vaste fleuve, comme une ville batave érigée tout à coup sur quelque plage auparavant couverte par les eaux. Ces citadelles mobiles, furent bâties, défendues et sauvées par des conscrits-ouvriers, que l'on commençait d'instruire en leur faisant tenter de pareils coups d'essai *.

L'Académie a placé parmi ses correspondants un ingénieur ** dont les machines ont soumis à la force du vent le curage de nos bassins de construction, et les procédés variés du broiement des couleurs, du sciage et du perçage des bois ***, du laminage et du tournage des cylindres et des feuilles métalliques. L'auteur de ces nombreux travaux a fait aussi, de la corderie ****, l'objet nouveau de ses ob-

* Les vaisseaux subsistent encore ; et le corps admirable qui les bâtit et qui les défendit, n'est plus ! Espérons que le ministère entendra l'expression patriotique des regrets que cette destruction cause à tous les amis de notre force maritime et de notre gloire nationale.......

** M. Hubert, officier supérieur au corps du génie maritime.

*** C'est en 1815 et 1816 que M. Hubert a construit son moulin à scier les bois ; le moulin à curer est antérieur. Les autres machines ont été décrites dans un mémoire que j'ai présenté à l'institut, vers la fin de 1815.

**** La marine française ayant reçu de M. Benjamin Delessert, associé libre de l'académie des sciences, le cadeau

servations et de ses perfectionnements. Enfin, dans un arsenal où Coulomb fonda jadis sa théorie des machines simples, cherchant comme lui des vérités spéciales dans l'étude de la nature et dans l'art des expériences, il a fait sur la percussion * une série d'épreuves extrêmement remarquables. Elles ont eu pour but et pour résultat de calculer la disposition et l'effet de pesants martinets mus par la main des hommes. Ces martinets servent maintenant à des opérations métallurgiques, pour lesquelles l'action des courants et de la vapeur d'eau semblait seule un moteur assez puissant.

En améliorant les moyens d'exécuter, on s'est efforcé de donner aux produits, des positions et des formes plus appropriées à leur destination.

À ces tonneaux d'un bois corruptible, qui,

d'une machine inventée par Fulton, pour filer le chanvre des cordages, M. Hubert en a fait l'examen, comparativement à la machine ingénieuse dont lui-même est auteur. M. Hubert est aussi l'auteur d'un dynamomètre servant à mesurer la force des cordages. Depuis 1814, ce dynamomètre est en usage dans tous les ports militaires de la France.

* C'est en 1818 que M. Hubert a fait connaître ces expériences, dans un mémoire approuvé par l'Académie des sciences, et mis au nombre de ceux qui font partie de la collection des savants étrangers.

dans les longues traversées, ôtent à l'eau la fraîcheur et souvent la salubrité, on a commencé de substituer des caisses en fer *. Hermétiquement fermées, elles interceptent toute action putréfiante extérieure; elles conservent, pendant plusieurs années, à l'eau qu'elles contiennent, sa limpidité, sa pureté, et ce goût qui n'est parfait que par l'absence de toute espèce de goût étranger.

On ne s'est pas contenté de ce moyen conservateur. On s'est occupé avec un succès tout nouveau, des procédés qui suppléent, dans beaucoup de cas, aux approvisionnements d'eau douce, en rendant potable celle de la mer. C'est un résultat des travaux d'un chimiste distingué ** et d'un navigateur *** qui parcourt à présent l'autre hémisphère, sur les traces des Bougainville et des La Peyrouse. Ce navigateur, au lieu de se charger

---

* Cette innovation date de 1817. Elle a d'ailleurs l'avantage d'économiser, dans la cale, un espace très-précieux; parce que la forme cubique des caisses empêche qu'il reste entre elles aucun vide inutile.

** M. Clément, ancien élève de l'école Polytechnique, aujourd'hui professeur au Conservatoire de l'industrie française : en 1816, il a publié dans les annales de physique et de chimie, le résultat de ses expériences.

*** M. de Freycinet, capitaine de vaisseau.

d'une provision d'eau douce proportionnée à la distance de ses relâches, s'est muni d'un simple appareil fourni par les laboratoires de la science; il a pris du combustible, comme on prend habituellement du lest. Dès lors, sans craindre les retards des calmes et les contrariétés des tempêtes, il s'est livré, sur le vaste Océan, à l'exploration des rives inconnues et des dangers ignorés encore par les navigateurs des deux mondes.*

Pour opérer la distillation de l'eau de mer, on doit un nouvel appareil à l'esprit inventif d'un jeune ingénieur ** qui avait reçu de la nature tous les dons de l'activité, du zèle et du courage : cet ingénieur venait d'achever, avec un succès complet, la construction de deux bateaux à vapeur destinés à naviguer en pleine

* Pour montrer par des faits, l'efficacité du nouveau procédé, contentons-nous d'observer qu'un kilogramme de charbon produit près de 7 kilogrammes d'eau distillée. Par conséquent cent tonneaux de combustible représentent à peu près sept cents tonneaux d'eau potable; et l'on peut, tout d'un coup, accroître de six cents tonneaux des cargaisons précieuses; ou bien rendre d'autant plus légers et plus rapides ceux des navires dont la marche doit être la qualité principale.

** M. Le Breton qui conduisit avec honneur, pendant plusieurs années, sa compagnie d'ouvriers militaires, avec les troupes du génie de terre attachées à la grande armée.

mer, aussi bien que sur les côtes; il les accompagna jusque dans les eaux du Sénégal, et mourut victime d'un climat redoutable.

D'autres soins, d'autres besoins, inspirés par l'humanité, dirigés, satisfaits par la science, ont permis de conserver dans toute leur fraîcheur, pendant les plus longues traversées, ces viandes substancielles dont les sucs réparateurs soutiennent le matelot dans les durs travaux de la mer *. Les plus tendres végétaux, les mets les plus délicats fournis par le règne animal, conservés aussi long-temps dans toute leur saveur, peuvent rendre plus agréable et plus saine la nourriture de l'officier et du voyageur opulent. Grâces aux progrès de l'hygiène navale, les bienfaits d'une ingénieuse philanthropie se sont graduellement étendus sur la qualité de tous les aliments, sur la régularité de la vie, sur la propreté du navire et des hommes qui l'habitent **. Aussi, les fièvres, les maladies cutanées et le scorbut, qui jadis sur nos vaisseaux faisaient d'horri-

---

* Procédés inventés par M. Appert, M. d'Arcet, etc.

** Au sujet des travaux relatifs à l'hygiène navale, nous citerons plusieurs écrits publiés depuis 1815, par M. Keraudren, inspecteur-général du service médical de la marine, sur les propriétés médicales de l'eau de mer, naturelle ou distillée, sur la santé des gens de mer, etc.

bles ravages, sont maintenant à leur bord des maladies presque inconnues.

Si nous quittons les apprêts des voyages, pour envisager les travaux stables de nos ports, nous y verrons partout les marques d'un esprit de perfectionnement développé depuis la paix.

Au port de Lorient, s'élève un hangar nouveau *, plus somptueux et plus vaste que ceux à l'abri desquels Venise cachait sa flotte mystérieuse; il permet, par tous les temps et dans toutes les saisons, de travailler à construire un vaisseau. D'autres hangars aussi spacieux, aussi commodes, mais plus simples et moins dispendieux, seront érigés peu à peu sur toutes les calles de nos chantiers **. Par-là, pendant la paix, sera conservée sans détérioration la

---

* Bâti par M. Lamblardie, ancien élève de l'école Polytechnique, aujourd'hui directeur des travaux hydrauliques et des bâtiments civils de la marine, à Brest. On doit aussi bâtir à Lorient une forme de construction ; mais les travaux ne sont pas encore commencés.

** A côté des calles couvertes, on érige des hangars pour la conservation des bois de construction. Afin d'approvisionner nos ports militaires, on s'occupe de plus en plus à développer, à perfectionner l'exploitation des bois de la Corse et des Pyrénées. Un officier du génie maritime, M. Dumonteil, est envoyé dans les forêts de la Guyanne, pour y former un plan d'exploitations nouvelles.

charpente à demi terminée des navires de l'É-
tat; et quand arrivera le moment du besoin,
en peu de jours nos bâtiments, terminés et lan-
cés à la mer, iront tenter le sort d'une fortune
que nous aurons, avant les hostilités, tâché
de nous rendre propice.

Les travaux de Cherbourg, suspendus d'a-
bord par le malheur et la pénurie des circonstances, reviennent peu à peu vers leur activité
passée. Le directeur de ces travaux * a consacré les loisirs d'une interruption douloureuse,
à préparer les matériaux d'une description
dont quelques fragments ont été soumis ** à
l'examen de l'Académie. L'importance des observations, la clarté mise à les exposer, enfin
l'exécution parfaite des dessins et des gravu-
res, placeront cet ouvrage au rang de ceux qui
font connaître dignement aux nations les monuments de la France.

Les soins du matériel ne sont pas l'unique
objet des améliorations et du perfectionnement : on s'occupe aussi des établissements qui
peuvent contribuer à conserver, à propager
d'utiles connaissances. En faveur de la classe

* M. Cachin, directeur des travaux hydrauliques et
des bâtiments civils de la marine, à Cherbourg, inspecteur-général des ponts et chaussées.

** En 1819.

ouvrière, l'enseignement mutuel, à travers mille obstacles, a forcé l'enceinte de nos ports : il y prospère *. Long-temps une sévère économie, commandée par les moyens pécuniaires trop limités dont peut disposer la Marine, n'a pas permis que les maîtres et les contre-maîtres qui surveillent l'exécution des travaux, obtinssent un salaire proportionné à l'activité, au zèle, au talent qu'exigent leurs pénibles fonctions **. Cette classe recommandable à tant d'égards, pouvait à peine trouver dans un gain légitime, de quoi procurer à ses enfants l'éducation la plus modeste et l'instruction la plus bornée. On a commencé d'établir des écoles spéciales, où l'on enseigne à cette intéressante jeunesse les éléments de calcul, de géométrie et de dessin, nécessaires au tracé des vaisseaux, ainsi que les principes de statique nécessaires à l'intelligence et au calcul de l'effet et du jeu des machines***. A la fin de

* L'école de Brest est dirigée par M. Arnaud, ingénieur dont le zèle et le mérite égalent la modestie et les services.

** Depuis la paix, on s'est occupé du soin d'améliorer leur sort.

*** Nous citerons comme un modèle le plan de ces écoles, dû à M. Tupinier, directeur des constructions navales, et directeur des ports et arsenaux de France :

chaque année, des médailles d'or seront données à titre de prix aux meilleurs élèves, qu'on
récompensera mieux encore par un avancement
spécial.

Quant à la formation des établissements
utiles au progrès général des sciences et des
arts de la marine, Brest était le seul port qui
n'eût plus à désirer des créations nouvelles.
Depuis la paix, on s'occupe des moyens de
former des bibliothéques dans chacun des autres arsenaux. Presque tous ont des cabinets
d'histoire naturelle et des jardins des plantes
qui sont enrichis à chaque voyage entrepris
par nos bâtiments *, sur des rives étrangères

c'est le même ingénieur qui transportait, au moyen
de chameaux de sa construction, par-dessus le barrage
des lagunes, des vaisseaux d'une force dont n'avaient jamais approché les bâtiments de guerre armés par la marine vénitienne.

* Collections remises par les docteurs Huet, Fouilloy
et Lesson, à la suite des voyages entrepris, par *la Cybèle*,
le Golo, etc. M. Leschenault, attaché au jardin des plantes de notre établissement de Pondichéri, a fait des envois précieux au Muséum d'histoire naturelle de Paris.
Nous citerons à ce sujet : 1°. l'instruction pour les voyageurs naturalistes et pour les employés dans les colonies,
sur la manière de recueillir, de conserver et d'envoyer
les objets d'histoire naturelle, rédigée en 1818, sur l'invitation de M. Molé, ministre de la marine, par MM. les

et dans nos colonies, où des naturalistes qu'entretient la marine, préparent à la France des envois précieux pour l'industrie et pour l'agriculture. Un observatoire est bâti dans le port de Toulon, un autre va l'être dans celui de Rochefort. Dans ces deux ports, des musées maritimes sont formés *, afin d'y conserver le type des navires les plus fameux que le temps va détruire ou qui déjà sont détruits. Les modèles des machines les plus ingénieuses, la représentation des manœuvres les plus intéressantes; un choix méthodique des matières premières, des outils, des produits de tous les arts exercés dans l'enceinte d'un arsenal : telles sont les richesses qu'on s'est efforcé de réunir.

Quittons maintenant l'enceinte de nos arsenaux et de nos ports, et considérons les travaux dont l'objet est de rendre la navigation plus facile et moins périlleuse.

professeurs du jardin des plantes de Paris; 2°. Le manuel de *taxidermie*, publié par M. Lesson, officier de santé de la marine.

* L'institution du musée de Toulon date de 1814 : elle est due au zèle éclairé du contre-amiral Lhermitte, alors préfet maritime, en retraite aujourd'hui, et regretté de toute la marine, pour sa valeur et ses talents. L'institution du musée de Rochefort date de 1815 : c'est M. Hubert qui l'a formé.

On a commencé sur nos côtes de l'Océan et de la Méditerranée, le relèvement exact et complet de tout ce qui peut être favorable ou dangereux à la navigation. Il y a plus de cent cinquante ans qu'on entreprit pour la première fois cet immense travail; il fut recommencé cent ans après. On l'exécute aujourd'hui sur un plan beaucoup plus vaste. On opère sur des bases bien plus certaines; parce qu'on procède avec tous les secours d'une science et d'une industrie également perfectionnées.

Les hydrographes du 17e. siècle n'employaient que le graphomètre dans leurs relèvements faits à terre, et que la boussole, dans leurs relèvements faits en mer, pour déterminer la position de tous les points remarquables, de tous les dangers visibles. Enfin, ils semblent le plus souvent s'en être rapportés aux opérations des pilotes côtiers, pour fixer l'emplacement des bas-fonds et des nombreux écueils dont nos côtes sont semées.

Les hydrographes du 18e. siècle ont employé plus fréquemment la sonde. Pour concourir à leurs travaux, un astronome de l'Académie des sciences était spécialement occupé des opérations que l'on peut faire à terre, tandis qu'un officier de marine exécutait les opérations qu'on ne peut faire qu'à la mer. Ce travail est autant supérieur à celui de l'époque précédente, qu'il est inférieur aux travaux de l'époque actuelle.

L'Atlas du voyage entrepris à la recherche de La Peyrouse, la confection des cartes hydrographiques des côtes de la Belgique et des ports Anséatiques; du cours et des bouches de l'Escaut, de l'Elbe et du Weser; des rades et des ports militaires de l'Istrie et de la Dalmatie : tels sont les premiers travaux d'un de nos collègues (M. Beautemps-Beaupré), qui depuis la paix exécute, pour les côtes de la France, ce qu'il avait pendant la guerre exécuté pour les confins de nos conquêtes, c'est-à-dire pour les trois mers de l'Océan, de la Baltique et de la Méditerranée.

Le gouvernement français a fourni les moyens de l'entreprise nouvelle, avec une magnificence digne d'un grand peuple. Trois navires montés par soixante-dix marins éprouvés; les plus habiles hydrographes, élèves et compagnons du directeur des opérations; et, depuis une année, les officiers d'une goëlette, mis à sa disposition pour être formés à son école : voilà les éléments d'un travail commencé seulement depuis 1816, et dont les tables d'observations, conservées soigneusement dans notre dépôt maritime, forment, dès à présent, une collection de cinquante volumes in-quarto.

Ces cinquante volumes ne serviront qu'à la confection de neuf cartes nautiques; et ces neuf cartes, malgré leur grandeur, ne comprendront qu'une étendue moindre du dixième des côtes du royaume.

- Un ingénieur * que l'Institut, dans ses concours, a déjà couronné du laurier académique, est chargé des grandes opérations d'astronomie qui rattachent la position des points principaux de la côte, à la triangulation de Cassini. La suite de ces mesures doit rattacher avec bien plus de rigueur encore cette même position aux grandes bases qu'on pourrait appeler les deux axes de la France.

D'autres ingénieurs exécutent les travaux de géodésie qui fixent le lieu précis de tous les points en vue de la mer, et qui peuvent servir au navigateur pour le guider dans sa route. Enfin, l'ingénieur en chef, avec les officiers qui l'accompagnent, embarqué sur les navires d'observation, dirige par lui-même toutes les opérations qui sont faites à la mer **.

* M. Daussy.

** On sonde avec un instrument nouveau, perfectionné

Pendant ce temps, de quart d'heure en quart d'heure, au moyen d'échelles bien graduées, établies sur la côte voisine, on note la quantité dont la mer s'élève ou s'abaisse, indépendamment de toute autre observation.

Ainsi les hydrographes, conduits sur des embarcations stables, quoique agiles, n'ayant plus à s'occuper ni des variations de la marée, ni de la position des observateurs de la terre, ont seulement à déterminer, pour chaque point où ils arrivent : les angles formés par la vue d'au moins trois objets fixes du rivage, la profondeur de la mer, et la nature du sol. Ces trois espèces d'opérations sont exécutées au même instant.

Lorsqu'il s'agit de fixer la position de quelque endroit périlleux, on s'y établit à demeure ; on en fait le centre d'un panorama des objets marquants qui bordent l'horizon ; puis on détermine les angles que font entre eux les rayons visuels menés à ces objets divers. Enfin, des directions habilement saisies, entre le lieu du danger et les objets bien apparents au milieu de la mer, ou sur la côte, ou dans les terres, servent de manière à connaître la nature du sol sous-marin, non-seulement à la superficie, mais à des profondeurs qui dépassent le point jusqu'où peut s'enfoncer l'ancre la plus pesante.

à marquer les limites à la droite ou à la gauche desquelles il faudra toujours gouverner pour ne pas tomber sur un écueil invisible *.

Ces opérations ont conduit à rectifier la position d'une foule de dangers jusqu'alors faussement indiqués. On en a découvert de nouveaux qui, s'ils ont été connus, ne l'ont été qu'au moment du naufrage, et par des navires engloutissant dans les flots cette funeste connaissance. On a découvert aussi des passes nouvelles, souvent précieuses en temps de paix, et toujours en temps de guerre.

Avec un tel concours de soins et de moyens, en quatre campagnes, on a déterminé dans un immense détail, tous les écueils, toutes les passes, tous les bas-fonds de la rade et des abords de Brest, jusqu'à la baie de Quiberon. Cette année (1820), les sondes et les relévements s'étendront de ce point jusqu'à la Loire, pour se lier avec la mesure d'un parallèle de la

* Telle est la méthode suivie par M. Beautemps-Beaupré, dans le *Pilote Français*, dont la première partie fut publiée en 1819. Cette méthode tombe sous les sens avec beaucoup plus d'évidence que celles qu'on avait suivies jusqu'alors. Les caboteurs, même ceux dont l'intelligence et l'instruction sont le plus bornées, trouveront facile un tel moyen qui rend un service encore plus grand à la marine du commerce qu'à la marine de l'État.

terre, mesure entreprise dans la partie la plus large de la France, par les géographes du dépôt de la guerre. En revenant vers le septentrion , pour atteindre la limite des opérations hydrographiques exécutées jadis sur les côtes de la Flandre, l'auteur de ce premier travail rejoindra la ligne méridienne déterminée par les travaux de nos plus célèbres astronomes, lesquels, depuis les îles Baléares jusqu'aux îles extrêmes de l'Écosse, ont mesuré l'arc méridien qui traverse la France dans toute sa longueur.

Ces travaux sont dignes de concourir à l'achèvement d'une carte générale dirigée par le Nestor * de nos grands géomètres ; et pourtant celle-ci, lorsqu'elle sera comparée à la carte si justement fameuse de Cassini, montrera de combien les sciences et les arts utiles du XIX\. siècle l'emportent sur les arts et les sciences du siècle de Louis le Grand !

Il ne suffit pas de connaître les côtes de la France : nos navires militaires ou marchands sont appelés à visiter les côtes de l'univers entier. Le Gouvernement a conçu la pensée de faire explorer par la marine de l'État, pour le bien du commerce, les rives de toutes les mers.

* M. de la Place, membre de l'Institut, ancien examinateur des élèves du génie maritime, pair de France, etc.

Afin d'exécuter un tel projet, il fallait recourir à des méthodes qui réunissent à la fois l'exactitude et la célérité. C'est ici que les travaux d'hydrographie se lient plus étroitement aux opérations de l'homme de mer. Déjà, Messieurs, un savant que la marine et l'Académie des sciences comptent également dans leurs rangs, vous a fait, dans cette enceinte, un exposé des progrès de la navigation. Mais sa modestie vous a tu la part qu'il prit lui-même à ces progrès, dans le voyage dont il a publié la relation et les résultats, après en avoir partagé les périls, les travaux et l'honneur *.

C'est au voyage où d'Entrecasteaux fut à la recherche de La Peyrouse, qu'il faut rapporter le complément des grandes innovations qui font de l'hydrographie une science en quelque sorte nouvelle.

Les cartes marines, dressées d'après les observations et les calculs de cette expédition, sur des côtes auparavant inconnues, ont surpassé de beaucoup en exactitude celles des côtes visitées et connues depuis plusieurs géné-

* M. de Rossel, ancien capitaine de vaisseau, sous-directeur du dépôt des cartes et plans de la marine : *Discours sur l'état et les progrès de la navigation*, prononcé dans la séance publique des quatre académies, le 24 avril 1817.

rations. C'est donc à dater de la publication récente encore du voyage entrepris par d'Entrecasteaux, qu'on a reconnu la possibilité de déterminer, avec une perfection nouvelle, la configuration des côtes de toutes les mers.

Dès 1815, on a formé le projet de rectifier ainsi les éléments des cartes de la Méditerranée et de la rive océanique du continent africain.

Au printemps de 1816, un capitaine de frégate*, bien versé dans toutes les connaissances astronomiques, a commencé l'exploration du littoral de la Méditerranée. Dans sa première campagne, il a fixé la longitude et la latitude des points principaux de la côte d'Afrique, depuis Alger jusqu'au delà des ruines d'Arsinoé et de Ptolemaïs; puis des îles Baléares, de Malte, de Lampedouse et de Candie; des îles Ioniennes, de la Morée, de l'Albanie, du sud de l'Italie, et de la Sicile.

Dans la campagne de 1817, le même observateur reprend les côtes de la Sicile; fixe de nouveaux points à Malte, à Candie; vient à Rhodes, à Chypre, sur les côtes de l'Égypte et de la Syrie; traverse la Méditerranée, à maintes reprises et de différents lieux : il détermine et vérifie, par ces routes transversales et

* M. Gauttier, ancien officier d'état-major sur l'escadre de la Méditerranée.

par des observations comparées, la position des points opposés sur les rives de l'Europe et de l'Afrique. Il finit par longer la côte de l'Italie et de la France, depuis Naples jusqu'à Toulon.

La campagne de 1818 fut consacrée d'abord au littoral de l'Adriatique, qui borde les États romains et de Venise, l'Istrie, la Croatie, la Dalmatie, l'Albanie; et puis, une seconde fois aux îles Ioniennes, ainsi qu'au Péloponèse.

Enfin la campagne de 1819 a suffi pour la détermination précise des caps les plus importants, et des sommités les plus élevées de ces îles sans nombre que renferme l'Archipel de la Grèce.

Voilà ce qu'on a fait, en quatre ans, pour la Méditerranée. Le printemps et l'été de 1820 vont être consacrés à l'exploration de la mer Noire, et termineront cette première entreprise. Passons aux travaux de l'Océan.

En 1817, un capitaine de vaisseau *, commandant la frégate la Bayadère, secondé par le capitaine de l'aviso le Levrier **, et par un ingénieur hydrographe ***, a reconnu les côtes d'Afrique, depuis les dunes de Cintra jusqu'au promontoire de Naze. On n'avait pas ici (comme

---

* Le baron Roussin, aujourd'hui contre-amiral.

** M. Legoarant, lieutenant de vaisseau.

*** M. Givry.

dans l'expédition précédente) pour unique but, de fixer la position astronomique d'un certain nombre de points isolés ; l'objet le plus important était de déterminer la figure générale de la côte, la nature des abords et les principaux dangers. En 1818, avant de s'élever jusqu'au voisinage de Sierra Leone, les observations de la campagne précédente ont été rattachées, dans une étendue de quatre-vingts lieues de côtes, avec celles que Borda fit en 1776, et qui seraient un chef-d'œuvre, si ce navigateur géomètre eût employé toujours, au lieu de la boussole, le cercle répétiteur que lui doivent la Marine et l'Astronomie *.

Dans la durée de deux campagnes seulement, on a sondé et relevé plus de quatre cents lieues de côtes.

En 1819, les mêmes bâtiments, passant aux rives de l'Amérique, ont exécuté les mêmes opérations sur tout le littoral du Brésil.

Tant de matériaux recueillis au dépôt de la marine, et joints aux données obtenues déjà

* Les manuscrits de ce voyage, qui n'ont jamais été publiés, existent au dépôt de la marine. Ils sont précieux, et par la célébrité de leur auteur, et comme faisant époque dans l'histoire de l'art. Nous formons des vœux pour que le Gouvernement entreprenne, à ses frais, la publication de ce bel ouvrage.

sur la forme générale des côtes ; soumis ensuite à la sévère analyse des Buache, des Rossel et des Beautemps-Beaupré, permettent au corps des hydrographes, organisé depuis peu *, de dresser des cartes qui seront autant au-dessus des résultats antérieurs de la géographie, que la rigueur des nouveaux moyens d'opérer et l'étendue des opérations sont au-dessus des opérations et des moyens des premiers observateurs. Déjà plusieurs cartes perfectionnées sont construites, et leur gravure s'avance. Bientôt on verra paraître, par la publication nationale du résultat de ces travaux, un de ces présents immortels que la France est accoutumée de faire aux nations des deux mondes, sans autre intérêt que celui d'attacher sa gloire à des services destinés pour tous les peuples de la terre **.

Jusqu'ici nous n'avons parlé que des travaux dont le but est de déterminer, soit la courbure et l'étendue des méridiens et des parallèles, soit la position et la figure des con-

* En 1814.

** Depuis la paix, le nombre des cartes hydrographiques publiées par le dépôt de la marine, sur toutes les parties du monde, est extrêmement considérable. En 1819, M. Portal, ministre de la marine, a fait présent à l'Académie des sciences des dix Neptunes qui compo-

tinents et des côtes de l'hémisphère où l'Europe est située.

Les vues scientifiques de la France se sont étendues jusqu'à l'autre hémisphère. Un des principaux coopérateurs de l'expédition du capitaine Baudin * est parti, depuis trois ans, sur la corvette l'Uranie, pour déterminer, à l'aide du pendule, les éléments de la courbure de l'hémisphère austral. Il doit étudier aussi les variations de l'aiguille aimantée, et reconnaître le cours des lignes magnétiques pour lesquelles l'aiguille est précisément dirigée du sud au nord ; enfin il doit joindre à ces principaux sujets d'étude, l'observation de tous les phénomènes qui peuvent intéresser la physique, l'astronomie et la navigation.

Maintenant, Messieurs, le goût des recherches scientifiques est tellement répandu, que nos simples croiseurs trouvent le moyen, pendant qu'ils remplissent leur mission, et sans que leurs navires cessent d'être sous voile, de déterminer la position des points principaux des côtes et la nature des abords, avec

sent l'hydrographie française. Ces Neptunes présentent une division nouvelle, plus avantageuse que l'ancienne, et beaucoup d'améliorations essentielles et récentes.

* Le capitaine Louis Freycinet, parti en 1817.

plus d'exactitude qu'on n'y parvenait auparavant, lorsqu'on débarquait pour travailler avec
loisir. C'est ainsi qu'on opère aujourd'hui sur
les bâtiments de la croisière des Antilles, com-
mandés par un général qu'ont rendu célèbre
les combats qu'il a livrés et gagnés dans les
mers de l'Inde *.

Malgré l'attention la plus scrupuleuse des
observateurs, et l'excellence de leurs méthodes de calcul, s'ils n'avaient pas des instruments parfaits, les données qu'ils relèvent
étant fausses, ou du moins trop sensiblement
inexactes, il serait impossible que leurs résultats
obtinssent une grande précision. A cet égard,
Messieurs, les arts nécessaires aux observateurs maritimes ont pris en France un essor
prodigieux. Par les travaux des Lenoir et des
Fortin, des Cauchois et des Lerebours, nos
instruments à réflexion et nos lunettes astronomiques sont au moins égales à ce que les
Anglais ont obtenu de plus parfait en instruments d'optique et d'astronomie **. Ces arts,
loin d'être déchus depuis la paix, font chaque

* Le contre-amiral Duperré.

** Voyez à ce sujet les rapports faits à l'Institut par
MM. Arago, Biot et de Prony, ainsi que les rapports des
jurys pour l'exposition des produits de l'industrie, en
1806 et 1819.

année quelque progrès remarquable. De nouveaux artistes marchent sur les traces de leurs maitres; et nous avons l'assurance de voir prospérer de plus en plus parmi nous cette savante industrie.

Berthoud, premier horloger de la marine, avait atteint, dans la construction des chronomètres, un degré de perfection que les Anglais n'ont pas encore dépassé. Depuis trois ans, un héritier de son génie, que l'Académie des Sciences compte dans son sein, comme jadis elle y comptait Berthoud, a, par des inventions inespérées, reculé les bornes d'un art qu'on croyait à son dernier terme.

Dans le court espace de temps dont je puis disposer pour vous parler du progrès de nos connaissances maritimes, il me serait impossible de vous donner une idée complète des difficultés sans nombre qui se présentaient, et des moyens ingénieux employés par M. Bréguet, pour en triompher. Vous avez remarqué sans doute, dans les montres ordinaires, comme on le voit dans les montres marines, cette fusée de figure conique, autour de laquelle est enroulée la chaîne qui se déroule par degrés insensibles, à chaque vibration du balancier. Pour assurer une grande précision à la marche de l'instrument, cette chaîne, malgré sa petitesse, doit contenir près de neuf cents chaînons réunis par plus de cinq cents goupilles toutes rivées. Or, une seule rivure défectueuse, un peu de rouille attachée à quelque chaînon, suffisent pour causer la rupture de la chaîne et détruire le jeu de la montre. D'ailleurs, la fusée présente une masse considérable par rapport aux autres parties du méchanisme ; il faut pour la mouvoir, un ressort dont l'action habituelle approche tellement des limites de sa force d'élasticité, qu'il est souvent exposé à se rompre. M. Bréguet supprime à la fois la chaîne et la fusée, et tous leurs accessoires. Deux ressorts, au lieu d'un seul, plus grands et seize fois plus élastiques, sont placés dans deux barillets agissants par un engrenage sur la première des roues. L'emploi d'aussi puissants ressorts n'a pas pour objet de fournir plus de force, mais d'employer une moindre partie de leur force, pour rendre ainsi leur action plus sûre et plus uniforme.

Atténuer les pressions et les frottements, diminuer ou prévenir les chocs, favoriser les actions d'élasticité, rendre plus difficile qu'aucun élément ne se rompe ou ne se fausse, assurer la durée de l'instrument, et la stabilité, la régularité de sa marche, voilà le but que s'étaient proposé d'atteindre et qu'ont atteint messieurs Bréguet ; car le fils partage depuis plusieurs années les travaux et les inventions de son père.

Ce n'est pas seulement dans la force motrice des montres marines, que ces artistes célèbres ont introduit des améliorations. Ils ont disposé plus avantageusement les rouages. Ils ont inventé pour le jeu du balancier, un échappement dont la délicatesse même est au nombre des causes de sa durée et de sa sûreté. Ils ont divisé leur horloge en trois parties bien distinctes, dont chacune peut être montée et démontée, sans déplacer les deux autres. D'après cette division, le travail des pièces les plus communes est fait en entier par des ouvriers secondaires ; et le travail qui requiert tout le talent de l'artiste, séparé d'une occupation plus vulgaire, est réservé, sans perte d'un temps précieux, à la main la plus sûre et la plus industrieuse. Cette répartition a l'avantage de faciliter les réparations et les rechanges. Enfin les pièces analogues destinées aux diverses montres marines de messieurs Bréguet, sont taillées sur un modèle unique ; aussi, pour remplacer chaque partie manquante, peut-on prendre au hasard, entre les parties du même genre tenues en réserve chez l'artiste.

Nos rivaux en industrie ont fait de cette

admirable division de travail, un éloge qui,
dans les conceptions de leur fierté nationale,
est le plus beau des éloges : « Cette invention,
ont-ils dit en la jugeant, est digne de la
grandeur de l'Angleterre *. » Sans disputer
sur un tel suffrage, nous nous contenterons

* M. Breguet *has lately executed an idea which is worthy of the greatness of England*, est-il dit dans un article
de la *Revue d'Édinburgh*, sur l'habileté et l'industrie
comparées de la France et de l'Angleterre (64°. numéro,
publié récemment). On est fâché de voir un journal littéraire et scientifique, célèbre par la libéralité de ses principes et de ses opinions, envers ses concitoyens comme
envers les peuples étrangers, prendre tout à coup dans
cet article un caractère d'injustice et d'hostilité qui n'est
ni dans le cœur, ni dans l'esprit des principaux rédacteurs de cet ouvrage. Cet article est d'ailleurs plein d'erreurs matérielles les plus grossières. L'auteur ne sait pas
même exactement le nom du plus célèbre opticien de
l'Angleterre, qu'il appelle constamment *Dolland*. Dollond est issu d'un protestant français réfugié en Angleterre et né à Bordeaux ; et l'*Edinburgh-Review* déclare
que Dollond est Anglais. M. Bréguet, issu d'un protestant français, est né à Neufchâtel, mais fut élevé en
France, et l'*Edinburgh-Review* déclare que M. Bréguet
est Suisse. Son fils est né à Paris, il y a été élevé ; depuis
nombre d'années il participe aux découvertes de son
père , et l'*Edinburgh-Review* n'en parle pas : il faut
prouver, avant tout, que les travaux auxquels est attaché le
nom de Bréguet, par cela même qu'ils sont dignes de la

d'observer que l'invention dont il s'agit appartient à la grandeur du génie de la France; et nous le disons en dépit des efforts récemment employés pour contester à l'auteur une origine dont il fait gloire. Descendant de Français et père de Français, élevé parmi nous dès son enfance et formé par nos grands maîtres, son talent, sa naissance et sa vie nous appartiennent *.

Déjà plusieurs officiers de marine, qui commandent pour l'État et pour le commerce, ont, à diverses reprises, employé les nouveaux chronomètres de MM. Bréguet, dans les navigations les plus lointaines. Des épreuves authentiques ont été faites; et leur résultat a prouvé que les montres portatives de ces artistes, même les moins grandes et les moins coûteuses, l'emportent sur les meilleurs chronomètres de l'Angleterre **.

grandeur de l'Angleterre, ne peuvent pas être français. Est-il possible qu'on apporte dans les sciences et dans les arts une aussi misérable duplicité? Ne suffirait-il pas d'en faire le plus ample usage dans la haute diplomatie et dans la basse politique?...

* Ce grand artiste n'est plus; nous avons essayé de lui rendre un premier hommage, sur le bord de sa tombe, au nom de l'Académie des Sciences : Ve. discours, p. 155.

** Voyez à ce sujet dans le rapport du jury central pour

Si le temps nous le permettait, pour compléter le tableau des progrès de nos connaissances maritimes, il faudrait indiquer la nature et le mérite des principaux ouvrages publiés depuis la paix sur toutes les branches de nos arts. Vous verriez qu'il est peu de parties où les officiers des divers corps de la marine n'aient fait paraître quelques productions utiles, soit à l'État, soit au commerce. Des Traités sur l'artillerie navale *, sur l'art des combats de mer, et sur leur his-

l'exposition des produits de l'industrie (année 1819), page 243 et suivantes, les expériences comparatives entre les chronomètres d'Earnshaw et de MM. Bréguet; expériences extraites d'un travail fait par M. Arago, astronome et membre de l'Académie des sciences.

* Nous citerons au premier rang les utiles et nombreux travaux de M. Montgery, capitaine de frégate;

1°. Règles de pointage à bord des vaisseaux, ou recherchés sur ce qui est prescrit à cet égard dans les exercices de 1808 et de 1811; suivies de notes sur diverses branches de l'artillerie en général, et en particulier de l'artillerie de la marine militaire, 1 vol. in-4°. (1816).

2°. Mémoires sur les mines flottantes et les pétards flottants, ou machines infernales maritimes, 1 v. in-8°. (1819).

Exercices et manœuvres du canon à bord des vaisseaux du roi, et règlement sur le mode d'exercice des officiers et des équipages; nouvelle édition, augmentée de nouvelles manœuvres des deux bords, et de plusieurs tables

toire *, sur la mâture et le grément des navires ** militaires et marchands, sur les ba-

de pointage extraites de Churrucca, par M. Villaumez, capitaine de vaisseau (1815). Paris.

Traité sur l'art des combats de mer, par M. Delarouvraye, lieutenant de vaisseau (1815). Paris.

Précis des pratiques de l'art naval en France, en Espagne et en Angleterre, par M. Babron, lieutenant de vaisseau (1817).

* Victoires et conquêtes des Français, partie de la marine, rédigée par M. Parizot, lieutenant de vaisseau, et l'un de nos meilleurs écrivains maritimes.

Essai historique et critique sur la marine française, par M. Laserre (1814).

** Nouvelle édition du traité de mâture de Forfait, avec des notes importantes et nombreuses du capitaine Willaumez (1815).

Mémoire de M. Rolland, inspecteur général du génie maritime, sur le système de construction des mâts d'assemblage en usage dans les ports de Hollande, et sur les modifications que l'on propose d'y apporter.

Tables comparatives des principales dimensions des bâtiments de guerre français et anglais de tous les rangs, de leur mâture, grément, artillerie, etc., par M. Gicquel Destouches, ancien capitaine de vaisseau (1817).

Traité des manœuvres courantes et dormantes, par M. Gicquel Destouches, ancien capitaine de vaisseau.

Dictionnaire de marine, par le vice-amiral Willaumez. L'auteur y développe toutes ses vues sur le perfectionnement de l'accastillage, de l'armement et du grément des navires (1820).

teaux à vapeur et leur usage pour la société *;
la partie méchanique et physique de l'expédition du capitaine Baudin **, la relation de
voyages divers dans les mers de l'Inde ***, de la
Chine ****, et du pôle boréal *****, un Pi-

* Essai sur l'art de la navigation par la vapeur, 1 vol.
in-4°., par M. Gilbert, officier du génie maritime (1820).

** Voyage de découvertes aux terres Australes, *Navigation* et *géographie*, 1 vol. in-4°. avec atlas : partie
rédigée par M. Louis Freycinet, aujourd'hui capitaine
de vaisseau (1815).

Citons ici le bel Atlas universel de Géographie, dont
M. Brué, qui faisait aussi partie de l'expédition du capitaine Baudin, vient de faire paraître la première livraison.

*** Relation du voyage de la frégate la Cybèle, par M.
le capitaine de vaisseau Kergariou (1816 à 1818).

**** Voyage de M. Milius, capitaine de vaisseau (1817).

Lorsque M. Milius, aujourd'hui gouverneur de l'île de
Bourbon, était directeur du port de Brest, il s'occupait
des moyens d'augmenter la durée des bâtiments de
guerre désarmés : ses soins ont obtenu le succès dont ils
étaient dignes.

***** Relation d'un voyage fait au pôle boréal sur la
Syrène, avec une notice géographique et physique sur
l'Islande, par M. de la Poix de Freminville, lieutenant
de vaisseau (1819).

Mémoire sur l'état actuel de l'Hydrographie des mers
boréales ; par le même (1820).

lote, un Neptune français *, plus corrects, plus méthodiques, livrés à nos navigateurs; des Traités nouveaux d'hydrographie ** pour les écoles ouvertes au commerce; enfin une foule d'autres ouvrages séparés, et beaucoup de mémoires sur toutes les branches des arts nautiques, consignés dans les collections de l'Institut, dans les annales de physique et de chimie, et dans les annales maritimes, collection ouverte à tous les travaux utiles ***.

Je viens d'offrir une esquisse imparfaite des travaux scientifiques de la Marine dans le court espace de six années.

Voilà donc une faible partie de ce qu'ont fait pour la richesse, la force et la gloire de la France, des hommes, qui, pendant ces mêmes années, ont vu tant de fois demander avec assurance et dédain, s'ils n'étaient pas,

---

* Publiés par le dépôt des cartes et plans de la marine, d'après les travaux de M. Beautemps-Beaupré, premier hydrographe, et membre de l'Institut (1819).

** Problèmes d'astronomie nautique et de navigation, etc., par M. Guépratte, directeur de l'Observatoire de Brest (1816).

*** La composition de cet ouvrage périodique, dont l'origine remonte au 1er. janvier 1816, est due au zèle et aux soins de M. Bajot, chef du bureau des lois de la marine, qui continue d'en être l'unique éditeur.

s'ils ne cesseraient pas enfin d'être à l'État un inutile fardeau ? Voilà ce qu'ont fait des hommes qui, dans les temps antérieurs, avaient souvent cherché la mort, et mainte fois trouvé la gloire ; qui n'obtinrent jamais les acclamations de tout un peuple pour prix de leurs succès si chèrement achetés, ni les regrets de la patrie pour prix de leur sang si chèrement vendu, et pas même la pitié pour prix d'une détresse * long-temps ignorée de la générosité nationale !....

Pardonnez à ma voix de payer ce faible tribut en l'honneur de ceux dont je fus le compagnon et l'ami, pendant mes plus belles années ; ils apprendront du moins qu'on ose rendre hommage à leur constance et parler de leurs travaux devant un auditoire, élite de la France.

* C'est depuis 1819 seulement que les officiers de marine (encore au service) reçoivent à terre un traitement qui les tire de l'indigence. Honneur à l'auteur de cette juste mesure !

CINQUIÈME DISCOURS,

PRONONCÉ LE 18 SEPTEMBRE 1823, AU NOM DE L'ACADÉMIE
DES SCIENCES,

SUR LA TOMBE

DE M. BRÉGUET (ABRAHAM-LOUIS),

HORLOGER DE LA MARINE, MEMBRE DE L'ACADÉMIE DES
SCIENCES, ETC.

MESSIEURS,

C'est un usage inspiré par une piété religieuse et fraternelle, qui commande à l'Académie des Sciences d'accompagner jusqu'à la tombe les restes de ceux qui concoururent à ses travaux, agrandirent le champ de ses découvertes et l'héritage de sa renommée. Au lieu destiné pour la sépulture, un orateur éloquent rend un premier et juste hommage, moins à la gloire, moins au génie, qu'aux qualités et aux vertus d'un confrère que tous vont saluer d'un éternel adieu. Vous méritiez une voix plus célèbre et plus faite pour remplir ce vénérable ministère, ô mon ami! Cependant,

comme les affections ne sont pas toujours mesurées sur le talent de ceux qui les inspirent,
aucune voix ne vous eût été plus douce, et votre modestie n'en eût point désigné d'autre, si
vous eussiez pu la choisir. Enfin, c'est parce
que vous m'avez beaucoup chéri qu'on a jeté
les yeux sur moi, pour que vous soyez loué,
non d'esprit, mais de cœur ; ainsi que vous
aimiez à l'être.

Le récit de vos découvertes, des difficultés
qu'elles présentaient à vaincre, et des bienfaits
durables qu'elles assurent à la société, sera
consigné dans l'histoire de nos travaux, après
avoir été présenté à l'admiration d'un public
équitable, dans nos solennités annuelles, et
par un écrivain digne de vos talents. Mais
en ce jour, en ce moment, un tel récit, impossible à ma douleur, ne serait pas l'hommage
qui convient au sentiment de ceux qui vous ont
aimé.

L'affliction de tous ces hommes illustres qui
se pressent autour de votre tombe, et dont l'œil
baigné de pleurs ne peut s'arracher à la vue de
ce qui reste de vous et qui va bientôt être enseveli sous la terre où le juste repose en paix,
voilà votre plus bel éloge ; c'est le seul qui
puisse apporter quelque consolation dans l'esprit
de vos enfants, de vos parents et de vos amis.

Et ce lieu ne renferme pas tous ceux que votre mort afflige; la patrie toute entière éprouvera le regret de votre perte, parce que vous avez contribué au triomphe de ses arts.

Dans une branche importante des professions qui demandent le concours du savoir et du génie, vous avez placé l'industrie française hors de pair avec celle des autres nations. L'étranger même, et l'étranger le plus jaloux de nos succès, civils ou militaires, vous a rendu la justice de reconnaître une telle supériorité. Mais, pour en détourner l'honneur et le ravir à notre pays, il s'est empressé d'ajouter que vous n'étiez pas Français. Vous l'étiez d'origine et de cœur, et presque de naissance. Dans ces temps qui commencèrent la décadence de Louis le Grand et l'infortune de son règne, votre aïeul, obligé, pour se soustraire à la persécution qu'on faisait à sa foi, d'abandonner ses foyers et la France, voulut du moins s'arrêter sur le bord de sa terre natale. Car, après la félicité de vivre sur le sol de la patrie, ce qu'il y a de plus doux ici-bas et de plus consolant, c'est d'en habiter les confins, pour en respirer l'air, pour en parler le langage, et pour toucher parfois la main à des compatriotes qui, plus heureux, passent leurs jours au milieu de leurs frères.

Les lois qu'ont dictées l'emportement et l'erreur, inflexibles d'abord comme le préjugé, inexorables comme la colère, sont amenées à la clémence par la force du temps, qui triomphe de toutes les passions, et qui sur la terre ne trouve d'éternel, comme lui, que la justice et que la vérité.

C'est ainsi que le temps a par degrés adouci, pour les religionnaires, les sévices de la persécution. Aussitôt que notre pays fut ouvert à ses enfants expatriés, M. Bréguet vola dans le sein de la France. Il était jeune alors; il y forma, il y développa son talent. Il marcha sur la trace des grands maîtres ses prédécesseurs; il alla plus loin qu'eux, de même qu'ils étaient allés plus loin que leurs devanciers. Il trouva dans les services qu'il rendit aux sciences et à l'État, la récompense de ses travaux. L'astronomie, la géographie et la navigation lui durent des instruments ingénieux et d'une admirable exactitude. Ces instruments facilitèrent la connaissance précise des mouvements célestes. Ils servirent à déterminer, sur le globe, la position d'un grand nombre de points importants, découverts ou visités par nos marins qui trouvaient, dans ces mêmes instruments, des moyens de suivre leurs routes avec plus de certitude et de sécurité. Grâces à tous ces titres, après la mort de Berthoud; la Marine militaire choisit M. Bréguet pour fabriquer ses chronomètres, et le bureau des Longitudes l'admit au nombre de ses membres. Il prit place à l'Académie des Sciences, dans la section de Méchanique, par Ordonnance, il est vrai; mais du moins en le nommant, le pouvoir avait consulté la justice; il avait fait tomber la faveur sur celui qu'attendait un honneur qui, décerné par le libre suffrage des académiciens, eût paru plus pur et plus beau, mais non pas mieux mérité.

Après avoir remporté la médaille d'or dans les concours solennels de notre industrie nationale, il fut lui-même admis au nombre des juges qui doivent proposer au Gouvernement de semblables récompenses. Il était membre du jury qui prépare la distribution des prix attendus par nos manufacturiers les plus habiles, au moment où la mort est venue le surprendre. Il apportait à ces nobles fonctions une impartialité qui était dans sa raison, une bienveillance qui était dans son caractère.

Membre du conseil général des Manufactures, il y montrait la même équité, la même bonté d'âme, et le même amour pour les progrès de nos arts utiles.

Dans sa longue carrière, il a formé beau-

coup de sujets distingués. Aussi le titre d'*élève
de Bréguet* a-t-il conquis dans l'Europe une estime si méritée, qu'il suffit, depuis beaucoup
d'années, pour assurer le succès des artistes
qui l'inscrivent au-dessus de leur demeure,
comme leur plus beau titre à la confiance du
public. J'ai vu dans le sein de cette Londres
même, si fière de son industrie, une pareille
inscription qu'un succès éclatant a justifiée.

Le plus célèbre et le meilleur des élèves de
M. Bréguet est son fils, qu'il a long-temps associé à ses travaux, à ses perfectionnements, à
ses découvertes ; parce qu'il reconnaissait dans
ce fils un génie pareil au sien et qui marchait
sur les mêmes traces. Ce fils à son tour, verra
revivre son savoir dans le jeune adolescent qui
fait toute son espérance ; et les services rendus par leur premier maître et leur père, à
nos arts mathématiques, répandront encore un
plus vif éclat sur les services que les mêmes
arts continueront à recevoir d'une famille que
la nature a douée de talents héréditaires.

Voilà les droits de notre ami, à l'estime, au
regret, à l'espérance de toutes les classes industrielles, et des sciences les plus sublimes.

Les personnes qui ont joui de son intimité
ressentent encore d'autres regrets. Il est des
caractères si heureux, qu'ils semblent créés

pour être aimés. Il y a dans leur simplicité, dans leur naturel, dans leur prévenance, quelque chose de si doux, qu'on s'abandonne à leur attrait, et qu'on leur est dévoué dès l'instant que leur âme s'est ouverte à la nôtre. Eh bien, tel était le confrère que nous perdons. S'oubliant toujours, il étoit modeste sans avoir besoin d'y songer. Loin de trouver, comme les esprits vulgaires, qu'il fût pénible de louer dans autrui ce qui est digne de louange, il y trouvait une volupté qui n'est connue que des belles âmes ; et l'effusion de ses suffrages semblaît une caresse de l'amitié satisfaite. Jouissant du plaisir qu'il voyaît éprouver, autant que du plaisir qu'il aurait éprouvé lui-même, à soixante et dix-sept ans, il aimait à la fois le spectacle des fêtes et des jeux de l'âge mûr, du bel âge, et de l'enfance. Possesseur d'une fortune acquise en même temps que sa célébrité ; sans ennemis, sans inimitiés, uni par les liens de l'estime et de l'affection, avec des hommes supérieurs, dans tous les rangs de la société ; visité pour son talent, par tous les étrangers célèbres, revu d'eux pour son caractère, qui les charmait comme s'ils eussent été Français, toute sa vie fut honorable, heureuse et paisible. Sa mort même fut exempte de longues souffrances, et d'angoisses et de lugubres pressentiments. Atteint d'une suffocation subite, il expira dans la nuit du 16 au 17; et l'avant-veille assis l'un auprès de l'autre, suivant notre usage, dans l'Académie des Sciences, il m'avait quitté en me serrant la main et me donnant rendez-vous; et nous ne pourrons plus nous voir qu'au delà du terme de cette vie!

Que de pertes douloureuses l'Académie des Sciences n'a-t-elle pas faites depuis ces derniers temps! Les Delambre, les Haüy, les Charles, les Hallé, les Berthollet, les Bréguet sont descendus dans le tombeau; ils ont laissé un vide immense dans les carrières dont chacun d'eux avait reculé les limites; et la France savante se demande avec inquiétude comment la génération nouvelle élèvera des renommées égales à celles qui déjà sont devenues l'héritage de la postérité. Mais la France n'est pas seulement inépuisable en héros. Tant que le génie trouvera libre devant lui la route qui peut le conduire à la gloire des arts et des sciences, il s'élancera vers l'immortalité, de tous les points du sol qui produisit les Descartes, les Pascal et les Dalembert; les Buffon, les Réaumur et les Jussieu; les Vaucanson, les Montgolfier et les Bréguet.

Adieu, pour la dernière fois, ami qui serez à jamais regretté de tous ceux dont vous fûtes connu. Vivez du moins dans notre mémoire et dans nos discours, vous, qui léguez à la science et à l'industrie, à l'honneur et à la vertu, un exemple de plus à citer pour l'espoir et l'émulation de la jeunesse française. Un tel exemple est le plus beau présent que les hommes célèbres qui furent hommes de bien, puissent laisser à la postérité. Il fait aimer la gloire paisible des travaux utiles. Il inspire, il soutient les résolutions fortes, nécessaires aux grands succès. Il produit le spectacle sublime d'un peuple où les talents supérieurs devenus héréditaires, sont transmis de générations en générations, pour perpétuer et pour accroître la prééminence de ce peuple sur les nations rivales.

SIXIÈME DISCOURS,

PRONONCÉ LE 24 AVRIL 1821, DANS LA SÉANCE GÉNÉRALE DES QUATRE ACADÉMIES DE L'INSTITUT ROYAL DE FRANCE.

CONSIDÉRATIONS

SUR QUELQUES AVANTAGES

DE L'INDUSTRIE ET DES MACHINES

EN ANGLETERRE ET EN FRANCE.

> Continuez, Messieurs, à propager les progrès généreux de l'esprit humain. Le flambeau des lumières contribuera à réparer les désastres qui ont pesé si long-temps sur notre patrie.
>
> *Discours du Roi de Suède, aux membres de l'académie des sciences de Stockholm.*

MESSIEURS,

JE voudrais pouvoir exposer dans tout son jour une vérité dont la démonstration devient aujourd'hui nécessaire.

L'industrie qui féconde le travail, et la science qui sert de guide à l'industrie, sont les plus sûrs appuis de l'ordre, de la puissance et du bonheur publics. Les lumières qu'elles répandent sur les besoins de l'état social et sur les voies les plus propres à satisfaire ces besoins, dirigent l'autorité vers le seul but du bien général. Ces lumières montrent à tous les yeux que l'autorité s'efforce, en effet, d'atteindre un tel but. Par-là, l'obéissance est éclairée. Elle devient un libre concours des volontés de tous, aux actes d'une administration constamment occupée de la prospérité publique; au lieu d'être la servitude subie par tous, pour satisfaire à la diversité infinie des caprices d'un pouvoir sans règle et sans limite.

Aussi, Messieurs, les peuples les plus instruits sur leurs vrais intérêts, sont toujours les plus fidèles sujets d'un habile et bon prince qui les gouverne selon leurs vrais intérêts *.

* Un monarque né Français, qui doit sa couronne au libre vœu d'un peuple illustre, s'est montré digne de la nation qui l'a choisi, en faisant entendre du haut de son trône ces paroles mémorables, adressées au président et aux membres de l'*Académie des Sciences* de Stockholm : « Dans tous les états éclairés, et particulièrement » dans les états libres, le monarque doit être le premier » défenseur des sciences et des lettres. C'est alors que » le prince et la nation peuvent espérer de voir consolider les droits que la nature a gravés dans le cœur des » hommes. Continuez, Messieurs, à propager les progrès généreux de l'esprit humain. Le flambeau des lumières contribuera à réparer les désastres qui ont pesé

L'Angleterre, où fleurissent également les sciences et les arts, et qu'on pourrait appeler le royaume de l'industrie, l'Angleterre a présenté naguère un exemple frappant des liens que les progrès de l'esprit humain établissent entre les peuples et les princes.

L'empire britannique vient d'offrir aux nations ce spectacle touchant et sublime : Quatre-vingts millions d'hommes, portant une fidélité religieuse au sceptre d'un vieillard octogénaire et privé des facultés de son intelligence ; la majesté des lois exerçant l'interrègne ; et la majesté du trône, toujours présente et chère au souvenir des citoyens, parce que le monarque dont l'ombre régnait encore, ne rappelait que des vertus et des bienfaits, aux hommes

» si long-temps sur notre patrie, et qui ont désolé tour
» à tour les plus beaux climats et les contrées les plus
» stériles de l'Europe. La paix générale, le repos et la
» sûreté des états, sont le but vers lequel tendent les
» vœux de toutes les nations, et les bienfaits qu'elles
» réclament. Réunissons nos efforts, afin de procurer
» à notre pays tous les avantages auxquels il a droit de
» prétendre par sa position et par le génie de ses habi-
» tants : c'est ainsi que nous aurons bien mérité de la
» patrie. » Combien les nations européennes seront fortunées, lorsque ces sages maximes seront également
comprises et suivies par tous les rois et par tous les empereurs de cette belle partie du monde!

de tous les âges, et même à la tendre enfance.

Un peuple entier porte gravé dans son cœur ce vœu de George III, que j'ai vu tracé sur la porte des plus humbles écoles : « Je serais le » plus heureux des rois, si tous mes sujets sa- » vaient lire la règle de leurs devoirs, dans le » livre qui les contient tous ; et l'étendue de » leurs droits, dans le livre qui prescrit aussi » tous les devoirs de la puissance ! »

Celui qui forma ce beau vœu chérissait les progrès de l'industrie, à l'égal du progrès des lumières. Il se plaisait à montrer sa considération pour les hommes utiles, en leur rendant accessibles son palais et sa personne. Il aimait à s'enquérir de leurs travaux, auprès d'eux-mêmes. Il savait combien le moindre suffrage accordé par le souverain, avec le sentiment de l'estime et de l'affection, l'emporte sur le fastueux apparat d'une protection qui tombe, par bienséance ou par calcul, sur la classe humiliée des citoyens laborieux.

Mais cette facile grandeur, qui, selon la belle expression du Racine de notre chaire sacrée, se courbe sans effort vers les hommes qu'elle encourage, vous apprendrez mieux à la connaitre par le plus simple récit, que par de pompeux éloges et par le vain étalage de pensées ambitieuses.

10

Un jour de grande réception, Boulton, l'associé du célèbre Watt, vint présenter ses hommages au monarque, dans l'intention de lui parler des moteurs perfectionnés qui (sous le nom de machines à vapeur) devaient bientôt changer la face des arts au sein de la Grande-Bretagne. Dès que le prince aperçut le méchanicien, il lui dit, avec sa bonhomie accoutumée : « Eh bien, monsieur Boulton, vous produisez toujours quelque chose de nouveau, que faites-vous maintenant? — A présent, Sire, je fabrique une chose dont les rois sont grands partisans.—Et qu'est-ce donc que vous fabriquez, monsieur Boulton? — Du pouvoir *, Sire....—

A ce mot qui, dans la cour de Syracuse, eût conduit son auteur aux Carrières, George III sourit, comme à l'heureuse saillie d'un artiste épris de ses propres travaux. Car ce prince, alors, étoit loin de prévoir que les préparateurs d'un pouvoir méchanique exercé par la

---

* En Angleterre, on appelle *pouvoir* d'une machine, la force qu'elle est susceptible de produire. Ainsi l'on dit qu'une machine à vapeur est du *pouvoir* de dix chevaux, lorsqu'elle peut donner un résultat égal à celui que dix chevaux produiraient en les attelant à l'endroit où la machine doit agir. En conséquence, lorsqu'on veut acheter une machine, on se contente de dire, je veux *un pouvoir*, une force, de dix, ou de vingt, ou de trente chevaux, etc.

vapeur, l'aideraient à devenir un des monarques les plus puissants de l'univers.

On regardera peut-être comme un vain paradoxe, cette assertion hardie : une seule comparaison suffira pour en montrer la vérité.

Depuis l'expédition célèbre, où les savants français ont mesuré pour les décrire, les monuments de la contrée la plus fameuse par la grandeur de ses travaux, notre imagination est familiarisée avec les chefs-d'œuvre que le temps a respectés sur les rives du Nil. Et quand nous voulons rabaisser le vain orgueil de quelques constructions modernes, nous leur opposons aussitôt l'étendue et la durée des édifices de l'Égypte.

Choisissons, dans cette contrée, le monument qui renferme le plus de matériaux, et de matériaux élevés à la hauteur la plus considérable.

La grande pyramide était mise par les anciens au rang des merveilles de leur industrie. Le nombre des années et des artisans employés à bâtir ce monument, effraie notre imagination ; il semble plutôt convenir aux exagérations de la fable, qu'à la fidélité de l'histoire. Et pourtant, comme j'ai pu m'en convaincre par le calcul, ces nombres sont beaucoup moins exagérés que leur grandeur ne nous porte à le supposer.... Quels qu'ils soient, proposons-nous cette question : « Combien faudrait-il de temps aux possesseurs des machines à vapeur de l'Angleterre, pour élever toutes les pierres dont se compose la grande pyramide, d'abord des carrières les plus profondes jusque sur le sol, puis du sol jusqu'à la position qu'elles occupent dans les différents degrés de ce haut édifice? »

Par des supputations où j'ai libéralement évalué tout ce qui pouvait diminuer l'avantage des moyens modernes, voici ce que j'ai trouvé :
— Pour exécuter un travail qui représente la somme de toutes les forces humaines consacrées aux deux grandes opérations qui viennent d'être indiquées, il suffit de mettre en action les machines à vapeur de l'Angleterre, pendant dix-huit heures seulement *.

* En effet, le volume de la grande pyramide est de 4,000,000 de mètres cubes. Son poids peut être évalué à 10,400,000 tonneaux ou 10,400,000,000 kilogrammes. Le centre de gravité de la pyramide étant élevé de 49 mètres au-dessus du plan de la base, et prenant 11 mètres pour profondeur des carrières d'où l'on tirait la pierre, on a pour hauteur totale 60 mètres, qui, multipliés par 10,400,000 tonneaux, donnent 624,000,000 tonneaux, élevés à un mètre seulement. C'est l'équivalent des matériaux de la grande pyramide, élevés du fond de la carrière, à leurs positions respectives.... Main-

Voulez-vous comprendre, dans la même évaluation, la force employée pour équarrir toutes les pierres de taille, et pour les transporter de la carrière à la pyramide?.... Il suffira d'ajouter un nombre de jours assez peu considérable, aux trois quarts de journée déjà calculés.

Observons enfin, que 36,000 hommes au plus, sont nécessaires au service des machines à vapeur de l'Angleterre.

Voilà donc quelles sont, chez le peuple moderne, les forces mises en action pour le bien-être de la société; et voici leur rapport avec les forces extorquées au peuple ancien, pour satisfaire à l'orgueil de ses potentats.....

Le peuple moderne peut, en quelque jours, avec une seule classe de ses machines, manœuvrées par la cinq-centième partie de sa population, produire un effet utile, comparable à tous les travaux qui demandèrent vingt années à des rois si puissants, qu'ils pouvaient, pendant tout ce temps, assujettir une immense

tenant, le nombre total des machines à vapeur de l'Angleterre représente un pouvoir d'au moins 320,000 chevaux. Ces machines, mues pendant vingt-quatre heures, peuvent élever 862,800,000 tonneaux à 1 mètre de hauteur, et par conséquent 647,100,000 tonneaux en dix-huit heures : ce qui, comme on voit, surpasse le produit du travail exigé par la grande pyramide.

multitude d'esclaves et de sujets, à bâtir un simple mausolée.... Et pourtant, comme l'a dit notre plus éloquent historien *, « ces rois n'ont pas pu même jouir de leurs tombeaux ! »

C'était donc pour satisfaire une vanité déçue ** par la mort même, que des peuples entiers étaient rendus les victimes des exactions, des corvées et des châtiments nécessaires à l'exécution de ces immortelles folies *** !...

* Bossuet : *Histoire universelle.*

** « Les Égyptiens, dit Hérodote, ont tant d'aversion pour les rois auxquels sont dues les pyramides, qu'ils ne veulent pas même les nommer. C'est pour cela qu'ils appellent ces pyramides du nom du berger Philitis, qui, dans le temps de leur érection, menait paître ses troupeaux vers l'endroit où elles sont. » *Liv.* II, *Euterpe*, 127.

*** Écoutons à ce sujet le récit d'Hérodote : « Il n'y eut point de méchanceté où ne se portât Cheops. Il ferma d'abord tous les temples, et interdit les sacrifices aux Égyptiens ; *il les fit après cela travailler tous pour lui.* Les uns furent occupés à fouiller les carrières de la montagne d'Arabie, à traîner de là jusqu'au Nil les pierres qu'on en tirait, et à passer ces pierres sur des bateaux de l'autre côté du fleuve ; d'autres les recevaient et les traînaient jusqu'à la montagne de la Libye. On employait tous les trois mois cent mille hommes à ce travail... Quant au temps pendant lequel le peuple *fut ainsi tourmenté*, l'on passa dix années à construire la chaussée par où l'on devait traîner les pierres, sans compter le temps qu'il fallut

Grâces au progrès de l'état social, on ne produira plus de semblables travaux, pour charger la terre du fardeau de leur durée, et pour éterniser la mémoire de l'avilissement des hommes. Osons en concevoir l'espérance, ou du moins en former le vœu : si l'époque où nous vivons laisse aux siècles futurs des édifices, monuments de sa puissance, ils seront empreints d'un cachet d'utilité publique où l'on

employer au travail de la colline sur laquelle sont élevées les pyramides... La grande pyramide coûta vingt années de travail..., sans compter le temps qu'on mit à tailler les pierres, à les voiturer, et à faire les édifices souterrains.

Cheops, épuisé par les dépenses de ces constructions, en vint au point d'infamie de prostituer sa fille dans un lieu de débauche, et de lui ordonner de tirer de ses amants une certaine somme d'argent. J'ignore, dit le bon Hérodote, à combien se monta cette somme (les prêtres ne me l'ont point dit). Non-seulement elle exécuta les ordres de son père, mais elle voulut aussi laisser elle-même un monument. Elle pria tous ceux qui la venaient voir, de lui donner chacun une pierre pour des ouvrages qu'elle méditait. Ce fut de ces pierres (me dirent les prêtres) qu'on bâtit la pyramide qui est au milieu des trois, en face de la grande.

Cheops étant mort, après 5o ans de règne, son frère lui succéda et régna 56 ans; il se conduisit comme son prédécesseur (en tyran). Il fit aussi bâtir une pyramide. » *Liv.* II, *Euterpe.*

verra que des générations plus heureuses, et plus maîtresses de leurs propres destinées, ont fait entrer leurs intérêts et leur bonheur dans les balances qui décident les volontés des rois.

Ce n'est pas qu'aujourd'hui beaucoup d'hommes entraînés par de trompeuses apparences, ne regardent comme un avantage pour l'état, d'en prodiguer les trésors, même aux objets les plus futiles, pourvu que ces objets aient occupé des hommes laborieux. Ces gigantesques travaux de l'Orient, diront-ils, ne présentaient sans doute aucun but d'utilité; mais du moins ils avaient l'avantage de faire vivre un nombre prodigieux d'ouvriers; de faire vivre, par exemple, pour ériger la grande pyramide, plus de cent mille ouvriers, pendant vingt ans. — Les faire vivre, Messieurs, eh! par quelles ressources qui, d'abord, n'aient pas été ravies au peuple qu'elles aidaient à nourrir? Les faire vivre! Est-ce avec les produits actuels ou futurs de la pyramide? — Non, sans doute. C'était donc avec le travail, avec les sueurs, avec la misère des autres habitants, qu'on faisait vivre cette nuée d'hommes robustes, arrachés à la féconde industrie pour être stupidement employés à des monuments sans objet.

Mais, poursuivra-t-on, mieux encore vaut-il occuper les hommes par centaines de mille, à bâtir des pyramides, que de les avilir par l'aumône, après les avoir réduits à la mendicité; or, tel est le résultat amené par l'emploi de ces machines si vantées, qui ravissent aux artisans le travail auquel ils doivent une honnête existence.

Voilà, Messieurs, l'objection la plus forte que l'on ait pu présenter contre l'usage des machines; objection qu'on a mille fois reproduite, et que je n'affaiblis pas en vous l'offrant à demi déguisée. Vous allez voir jusqu'à quel point elle est démentie par les faits.

On n'observe pas qu'en Belgique, en Allemagne, en Suisse, en France, le nombre des pauvres se soit accru par la multiplication des machines.

Depuis des siècles, l'Espagne, le Portugal et l'Italie, ont plus de pauvres et moins de machines que la plupart des autres peuples du continent européen.

Dans la Germanie, les états catholiques ont aussi moins de machines et plus de pauvres que les états protestants.

Enfin, dans la Grande-Bretagne, des deux nations qui la composent, et qui sont égales en industrie, si l'une a vu croître le nombre de ses pauvres en même temps que le nombre de ses machines, pourquoi le même effet n'a-t-il pas été produit au même degré chez l'autre?

Serait-ce donc que la nation où règne cette lèpre qu'elle a nommée *paupérisme* * (car les fléaux naturalisés chez un peuple y reçoivent toujours un nom propre), serait-ce, dis-je, que la nation attaquée du paupérisme est de beaucoup inférieure à l'autre, par les dons de la nature ou de l'état social?

Au contraire, elle a pour partage le climat le plus doux, le sol le plus riche, les fleuves les plus beaux et les ports les plus grands; elle est le centre de l'empire, et c'est vers elle que refluent tous les trésors des colonies et des provinces.

Qu'il me soit permis d'indiquer les véritables causes de cette étrange anomalie.

Lorsque la réformation anglicane eut aboli les ordres religieux, il se trouva que les couvents britanniques (sans être précisément des maisons de travail ou des ateliers d'industrie), avaient peuplé l'Angleterre de pauvres et de mendiants, beaucoup mieux qu'on n'a jamais

* J'ai dû me servir de ce mot qui n'a pas d'équivalent dans notre langue.

accusé de l'avoir fait les manufactures les plus
florissantes et les machines les plus détestées,
c'est-à-dire, les plus économiques.

Pour porter remède à ce mal, la fille de
Henri VIII, qui, suivant les maximes de son
père, croyait pouvoir commander presque aussi
librement à la richesse qu'à la conscience de
ses sujets, prit une mesure digne de l'ignorance
de son siècle. Elle interdit, par une loi, l'aumône et la mendicité. Elle érigea tous les pauvres en classe privilégiée. Elle en fit des sala-
riés du royaume, et j'oserais presque dire des
fonctionnaires de l'indigence. Elle leur assigna
des traitements réguliers, pour eux, pour leurs
femmes, pour leurs enfants déjà nés, et pour
tous leurs enfants à naître. Enfin les pauvres
d'Angleterre, devant être traités en tout comme
des favoris, oisifs comme eux, comme eux en
devenant des parasites, ont perdu leur liberté.
Et le même statut qui leur assurait les largesses de leurs paroisses respectives, leur as-
sura, dans toutes les autres paroisses, et la
prison, et les verges du bourreau *.

Cette sollicitude ingénieuse, pour enraciner

---

* Un individu n'a droit qu'à l'aumône de sa propre
paroisse. S'il tombe ailleurs dans la misère, il ne peut
pas mendier sans encourir un châtiment. Traité comme
un lépreux du quinzième siècle, on le repousse de par-

sur chaque point du territoire, les rejetons d'un paupérisme indigène, a produit tous les fruits qu'il était juste d'en attendre.

Aujourd'hui, la population pauvre de l'Angleterre surpasse trois millions d'âmes; et chaque année la population totale s'accroît de cent mille individus.

Si l'industrie restait stationnaire, chaque an-

tout, jusqu'à ce qu'il ait regagné son lazareth; c'est-à-dire, la paroisse où il doit vivre à jamais confiné.

J'ai vu sur les bords des grandes routes, à l'entrée des bourgs et des villages, des inscriptions révoltantes, servant à menacer les pauvres d'un châtiment public, s'ils osaient s'arrêter dans une paroisse qui ne fût pas la leur. Je transcris ici le premier placard de ce genre que j'aie aperçu. Il a laissé dans mon âme une de ces impressions qui ne s'effacent jamais.

AVIS AUX PAUVRES ERRANTS.

« Tous les pauvres errants, trouvés en cette ville, se» ront appréhendés au corps, fouettés et incarcérés. » Une livre sterling sera la récompense accordée au dé» nonciateur, en vertu de la loi sur les pauvres errants; » il lui sera en outre payé dix schellings par l'associa» tion de Hoddeson. » (Hoddeson est une petite ville, située sur la route de Cambridge à Londres).

Les paroisses se renvoient donc leurs pauvres d'un bout à l'autre de l'Angleterre, et ils sont, par cette loi, attachés de fait à la glèbe de l'aumône. *Voyages dans la Grande-Bretagne. (Force sociale.)*

née ajouterait donc cent mille individus à la liste des pauvres. Et, quand même l'industrie, par ses découvertes et ses progrès, créerait annuellement un nouveau genre d'occupation pour cinquante mille ouvriers, vous le voyez!.. par le fatal effet des lois anglaises, il faudrait encore que cinquante mille oisifs fussent ajoutés à toutes les charges que supportent les citoyens laborieux.

Pour ralentir ce progrès d'un mal alarmant, les uns, sans craindre d'attenter aux droits de la nature, ont proposé d'arrêter la multiplication des pauvres; d'autres, d'arrêter la multiplication des machines, et surtout leur perfectionnement *. La première opinion révolta la tourbe des *radicaux*, mais la seconde lui sourit.

* Il faut avouer qu'un nouveau procédé méchanique peut rendre sur-le-champ inutiles un grand nombre d'hommes, auxquels la société doit alors des secours. Mais une nation qui, retenue par la crainte d'un tel danger, ralentirait les progrès de sa propre industrie, produirait un mal beaucoup plus grave. Consentant de la sorte à rester en arrière des autres nations, elle ne pourrait plus soutenir la concurrence du commerce. Chez elle, l'emploi des ouvriers diminuerait de plus en plus, tandis qu'il augmenterait chaque jour davantage, chez le peuple dont l'industrie serait devenue la plus parfaite par l'emploi des machines.

L'indigent crut soulager sa détresse, en brisant des métiers, en brûlant des machines. Mais, hélas! sa misère s'est augmentée par les destructions qu'il croyait propres à lui rendre une honnête existence; il a reconnu sa démence et mis un terme à ses dévastations.

Alors l'artisan laborieux et fier a redoublé d'activité, pour sauver sa famille de l'opprobre de subsister par la pitié publique. Tandis que le pauvre déhonté, orgueilleux consommateur de cette aumône officielle qu'il ose appeler *son salaire*, et toujours fidèle à ses vœux perpétuels d'insolence et de fainéantise, ne semble vivre que pour éterniser et pour accroître le fléau dévorateur de la fortune publique.

Remontons à l'autre extrémité de l'échelle sociale. Nous y trouverons des causes non moins puissantes, qui concourent à l'extension du paupérisme.

Lorsque Guillaume le Conquérant envahit l'Angleterre, il fit présent à ses compagnons d'armes, de soixante et deux mille feudes acquis par le travail le plus simple et le plus rapide : la spoliation et la confiscation. A la caste conquérante furent, par degrés, adjoints les hommes dont toute autre voie avait grossi la fortune. Tous ont profité de la faveur des lois normandes, pour ajouter toujours à leur

héritage, et ne l'aliéner jamais ; pour transmettre à leurs fils aînés une opulence com-
posée de l'indigence des puînés. Écrasant les
modestes concurrents, lors de la vente des petits
patrimoines, trop souvent nécessitée par le
malheur des temps, ou par des détresses privées : voilà comment, d'âge en âge, ils ont
grossi leurs biens du débris des humbles fortunes, et propagé l'indigence autour de leurs
domaines de plus en plus agrandis *.

Et voici que les complaisants interprètes de
la détresse britannique imputent à l'industrie,

* Loin de moi d'être injuste envers les hautes classes
du peuple britannique. Elles sont les plus éclairées de
toute l'Europe, et par conséquent, les plus amies des
classes inférieures. Elles aiment le savoir, et favorisent
l'industrie. La sécurité, la liberté, la prospérité des
moindres citoyens, ne leur sont point odieuses. Néanmoins, elles préfèrent encore leur intérêt propre à l'intérêt général. Elles profitent avec ardeur de toutes les
faveurs du privilége. Peu importe que le nombre des familles sans patrimoine s'accroisse de génération en génération, pourvu que l'opulence des familles apanagées
aille sans cesse en grandissant. Vouloir des sentiments
plus généreux, lorsque la loi s'efforce d'appeler les hommes à l'égoïsme, et de récompenser cet égoïsme par la
perpétuité des titres, des honneurs et des biens, ce serait vouloir que la nature humaine ne fût pas d'accord
avec ses propres penchants.

jusqu'à la misère de ces pauvres familles dont le petit héritage est, pour jamais, englouti dans les grandes propriétés !

Cependant, sans murmurer, sans accuser ses injustes accusateurs, l'industrie consacre son activité, ses efforts et son génie, à créer de toutes parts des propriétés nouvelles, pour les donner à la société.

C'est elle, en effet, qui crée des propriétés pour des milliers d'actionnaires, en ouvrant des canaux, en bâtissant des ponts, en perçant des routes, en creusant des ports ; c'est elle qui donne à bien plus d'hommes encore, des manufactures, des ateliers, des boutiques, des instruments, des machines ; et tous les produits de ce précieux matériel.

Examinons le résultat de ces immenses entreprises. Sur douze millions d'habitants qui, dans la seule Angleterre, ne possèdent plus ni champs, ni maisons, ni bestiaux, (parce qu'un petit nombre d'hommes possède les bestiaux, les maisons et les champs de la patrie entière !) une industrie admirable parvient à donner du travail et de l'aisance à neuf millions de prolétaires. Mais, arrêtée par mille entraves, accablée de fardeaux, et garottée par des prohibitions innombrables, elle ne peut fournir assez d'occupations aux trois autres millions : or, voilà le délit dont on l'accuse.

Ainsi donc, on lui fait un crime, et du bien qu'elle ne suffit pas à produire, et du mal qu'elle ne suffit pas à réparer.

C'est la classe *improductive* qui, du sein de son oisiveté, adresse à l'activité, à la production même, le singulier reproche de réduire un trop grand nombre d'individus à n'avoir aucun moyen de subsister !... Dans sa fausse philanthropie, elle affecte d'apercevoir loin d'elle, les secrets d'une détresse dont elle seule est coupable. Et, pour dernier subterfuge, plutôt que de s'accuser elle-même, on la voit chercher dans l'emploi des machines, les causes d'un paupérisme qui, sans les plus beaux progrès des arts méchaniques, serait dès long-temps devenu pour l'Angleterre, une plaie dévorante et mortelle.

Ainsi, Messieurs, vous le voyez, c'est dans les lois, dans les mœurs et dans les usages nationaux *, que se trouve la véritable cause de la multiplication simultanée des machines

---

* On verra, dans le discours d'introduction du nouveau cours de géométrie et de méchanique appliquées aux arts, à quelle source il faut remonter pour expliquer l'immense paupérisme qui forme une des plaies de l'Angleterre : c'est à l'avarice des fermiers et des propriétaires qu'on doit surtout attribuer ce fléau.

et des pauvres , en Angleterre : ainsi qu'en toute autre contrée.

Mais il ne faut pas nous borner à cette preuve négative. Il faut montrer que les machines, loin d'avoir diminué l'emploi des bras utiles, l'ont fait croître au delà même des plus confiantes espérances.

Il me suffira de parler des machines que j'ai déjà citées, et qu'on accuse d'enlever le travail au plus grand nombre de bras. A l'époque où Watt sut les rendre utiles pour les travaux de l'industrie, il fit présent à son pays d'une force plus économique, plus transportable, plus grande et plus nécessaire, que toutes celles dont on disposait auparavant dans les travaux des arts.

Dans les comtés de l'Angleterre qui, jusques alors, avaient alimenté la capitale et les usines avec du charbon fossile, on avait achevé l'exploitation des couches les plus voisines du sol.

Il fallait descendre à de plus grandes profondeurs, pour fournir à la Grande-Bretagne, un combustible qu'elle ne pouvait plus tirer de ses bois appauvris ; parce que le travail des hauts fourneaux et les constructions navales avaient épuisé les forêts. En même temps, l'emploi d'un combustible renchéri rendait de moins en moins avantageuse l'exploitation des mines de fer *, de plomb, de cuivre, d'étain, qui sont la plus grande richesse de plusieurs comtés fort-étendus.

Aussi chaque année apportait-elle, aux travaux métallurgiques, une diminution sensible; et tous les arts secondaires qui demandent à ces travaux leurs matières premières, voyaient-ils leur prospérité menacée dans son principe.

L'emploi de la machine à vapeur mit un terme à cette vaste décadence, pour commencer l'ère d'une prospérité toujours croissante.

Quel immense avantage que d'être maître d'établir en tous lieux, un appareil qui peut (au moyen d'une faible dépense de chaleur) tirer, des plus grandes profondeurs, un poids énorme, avec une extrême rapidité! qui peut, par exemple, d'une profondeur égale à cinq fois la hauteur des tours de Notre-Dame, extraire avec un seul boisseau de charbon, trois cents boisseaux de ce même combustible! Il en reste donc deux cent quatre-vingt-dix-neuf pour les consommations de la société. Et la dépense d'extraction devient la très-faible partie de la valeur d'une matière première

* En 1750, on ne fabriquait en Angleterre que dix-sept millions de kilogrammes de fonte. En 1818 on en a fabriqué plus de trois cents millions.

que l'on commençait à désespérer d'obtenir à des prix qui ne devinssent pas ruineux.

Cet avantage éprouvé dans l'exploitation des charbons fossiles, l'Angleterre l'a pareillement éprouvé dans l'exploitation de tous les autres minéraux.

L'homme avait été forcé, par la faiblesse de ses moyens méchaniques, de s'arrêter à bien peu de profondeur, dans la recherche de ces trésors. C'était là que finissait son empire ; et tout le reste de la masse du globe, semblait irrévocablement soustrait à sa puissance.

Mais, par les secours des machines à vapeur, l'homme a graduellement doublé, triplé, quadruplé les profondeurs auxquelles il peut descendre, pour remonter, avec fruit, chargé des richesses recueillies dans le sein de la terre.

En parvenant à ces nouvelles limites, on a découvert successivement des couches aussi spacieuses que de vastes districts, et qui sont devenues des provinces souterraines. D'innombrables colons sont venus les habiter. Ils les cultivent pour la mère patrie. Comme, en quelques instants, chacun d'eux peut revoir la lumière du jour et respirer l'air natal, il lui suffit de se dire « je suis maître d'en jouir », pour se consoler aussitôt d'une privation qu'il s'est lui-même imposée. Ainsi la sage liberté satisfait nos désirs par le pouvoir même de les satisfaire; elle répand le calme et le bonheur, jusqu'en des souterrains où l'esclave n'aurait trouvé d'autre issue à l'insupportable supplice d'une réclusion forcée, que de détruire sa vie avec ses propres fers.

Apprécions le service qu'a reçu la société par les nouvelles possessions découvertes sous notre sol, et rendues exploitables, grâces au progrès de la science des machines.

On regarde comme une acquisition bien précieuse de faire, au delà des mers, des conquêtes que peuvent à chaque instant nous enlever l'invasion ou la révolte; des conquêtes qu'il faut protéger par des fortifications dispendieuses, et défendre par des troupes que le climat moissonne plus vite encore que le fer de l'ennemi; des conquêtes, enfin, dont les produits n'arrivent à la métropole qu'à grands frais, toujours avec des risques et souvent avec des pertes irréparables *!

Quel immense service ne rendrait donc pas à la fortune publique, l'être puissant qui, tout à coup, découvrant à notre porte, sous nos

---

* Par-là nous ne voulons pas dire qu'il faille abandonner ou négliger les colonies qu'on possède. Nous savons trop combien elles peuvent concourir à la prospérité de la métropole. Nous voulons dire seulement que pres-

pieds, des produits tout élaborés, égaux en valeur aux récoltes des plus riches provinces ; nous montrerait ces produits s'élevant, comme d'eux-mêmes, jusque sur notre sol, par l'effet d'un peu de feu, d'un peu d'eau, d'un piston, d'un cylindre et de quelques leviers !.... Or, voilà ce qu'a fait le génie de l'homme, en mettant à profit l'invention de la machine à vapeur, pour accroître, au delà de toute espérance, la richesse minérale de nos rivaux en industrie.

Ah ! si la voix de la philosophie pouvait arriver jusqu'aux hommes qui vivent dans les regrets de la gloire des conquêtes, et qui chaque jour déplorent des envahissements perdus, ne pourrait-elle pas leur dire : « A présent qu'il ne nous est plus donné d'augmenter notre territoire en superficie, creusons sous nos pieds pour l'augmenter en profondeur. Le progrès des sciences et des arts met en nos mains des armes toutes-puissantes ; sachons en faire un digne usage. Redoublons d'ardeur et de travaux. Grâces à l'incurie de nos devanciers, à quelques mètres au-dessous du sol sur lequel

que jamais leur acquisition, opérée de vive force, ne vaut les sacrifices de la conquête : surtout quand il faut faire cette conquête sur des ennemis puissants et doués d'une grande persévérance.

nous vivons, la terre est vierge encore; elle est à peine explorée; elle n'attend que nos efforts pour nous livrer ses richesses. Marchons avec enthousiasme à ces nouvelles conquêtes. Elles ne coûteront ni sang, ni larmes, ni malédictions, ni représailles, et rien ne troublera la paix et la durée de nos bienfaisants triomphes. »

Nous venons d'entrevoir tout le fruit que la société peut recueillir d'un habile emploi des moyens offerts aujourd'hui par une industrie perfectionnée, pour retirer des entrailles de la terre les trésors qu'elle renferme.

Les forces récemment employées par la méchanique en faveur des arts, peuvent rendre à l'homme, sur la surface du globe, des services non moins grands, et bien plus multipliés.

Partout où les machines à vapeur ont été mises en action pour exploiter, avec avantage, des mines abondantes, les hameaux que le hasard avait placés dans le voisinage sont devenus d'opulentes cités. Là, de nombreux ouvriers, appelés de toutes parts, ont vécu par les bienfaits de la nouvelle science méchanique.

Au commencement du siècle dernier, Birmingham, située au milieu des mines de fer et de charbon, comptait à peine trente rues. Watt et Boulton déploient leur industrie près

de la cité naissante ; et, maintenant, Birmingham est au nombre des villes les plus vastes, les plus riches et les plus peuplées de la
Grande-Bretagne *.

Il y a seulement un demi-siècle, le filage
du coton n'occupait pas cinquante mille individus en Angleterre. Arkwright introduit l'u-
sage de ses métiers, la machine à vapeur leur
imprime le mouvement, et dans peu d'années,
au lieu de cinquante mille ouvriers, un seul
art emploie un bien plus grand nombre d'individus. Seul, il fait la grandeur de Manchester, de Nottingham, de Preston, de Glasgow, et de dix villes du second ordre.

Mais de combien d'autres prodiges ne pour-
rais-je pas rappeler le souvenir ! Le temps nécessaire à leur énumération surpasserait celui
dont je puis disposer dans cette séance, et je dois

* Ajoutons qu'à Birmingham (ville qui d'abord était
trop peu considérable pour obtenir l'honneur d'être élevée au rang des bourgs incorporés), l'industrie, libre
des entraves qu'apportent les corporations, a pris, par
cela même, un essor prodigieux. Tous les habiles artisans qui, dans les villes à priviléges, ne pouvaient obtenir la maîtrise, accoururent à Birmingham. Ils y trou-
vèrent la liberté d'exercer leur propre industrie ; et la
fortune qu'ils acquirent bientôt, tourna toute au profit
de la patrie.

laisser incomplète la démonstration la plus victorieuse des services de l'industrie : celle qui résulte de l'exposé des faits.

Comment peut-il être nécessaire de démontrer de tels services ? et comment peut-il se faire qu'on les révoque en doute?.... Qu'est-ce que l'industrie ? C'est la science appliquée à créer, à transporter des produits utiles à l'homme. Quand l'industrie se perfectionne, c'est qu'elle obtient des produits plus utiles ; quand elle se simplifie, c'est qu'elle obtient, à moins de frais, des produits non moins utiles ; et quand elle s'étend, c'est qu'elle obtient un plus grand nombre de produits utiles.

Comment donc serait-il possible que l'industrie, par ses perfectionnements, ses simplifications, ou son développement, pût jamais être un mal pour la société ?... Suivons-la dans ses progrès.

Voyons-la naître chez un peuple grossier. Malgré le petit nombre des produits qu'elle enfante, et leur imperfection, les hommes peuvent à peine en fabriquer assez pour suffire à leurs besoins les plus bornés ; tous travaillent péniblement ; ils végètent en masse ; et cette fonction laborieuse, absorbe seule leurs facultés physiques et morales.

Mais, qu'un premier progrès permette aux

mêmes hommes d'obtenir tous les produits nécessaires à leurs besoins, en employant seulement les neuf dixièmes de leurs journées, ou les neuf dixièmes des bras inutiles; aussitôt le repos et le plaisir viennent délasser l'ouvrier de ses fatigues, et donner du charme à son existence. Le plus industrieux apprend à diriger le travail des autres; il en dispose; et, quittant lui-même un labeur purement corporel, il peut consacrer un fructueux loisir, aux travaux de l'intelligence. Son âme va produire à son tour, et des conceptions qui seront l'honneur de l'esprit humain vont commencer d'éclore.

Il apprendra par l'observation, le jugement et l'imagination, à simplifier, à varier de plus en plus ses moyens d'agir, et le produit de ses travaux. Il cherchera des instruments pour aider au travail de ses mains. Il domptera, il instruira des animaux, pour partager ses fatigues. Il créera des machines que lui seul d'abord, puis les animaux domestiques feront mouvoir avec utilité; et qu'il apprendra finalement à faire marcher d'elles-mêmes, par les forces de la nature devenues intelligentes.

Dans cette chaîne immense de progrès, l'homme toujours maître de produire davantage avec une moindre dépense de sa propre force, sent qu'il devient chaque jour un être plus puissant au milieu de la création : il coopère à la création même. Car il donne l'existence à des combinaisons, à des effets que la nature seule n'a jamais produits encore.

C'est par son intelligence qu'il exerce un tel empire. C'est par elle seule qu'il commande à tous les êtres, et qu'au milieu de ses semblables, cessant de rester à la merci du plus robuste, il ne reconnaît plus l'unique droit des barbares : *le droit du plus fort*. Maintenant, en effet, dans les combats singuliers, grâces au progrès de l'industrie méchanique, les armes sont égales entre l'agresseur le plus vigoureux et le défenseur le plus débile. Dans les camps mêmes, la force corporelle ne fait plus régner son absolu despotisme. Une autre force obtient aujourd'hui le seul empire vraiment digne de l'homme : c'est la force de l'intelligence. C'est donc elle, surtout, qu'il faut cultiver, exercer, agrandir dans toutes les classes de la société *.

Telle est la route nouvelle où les peuples

* Certes, il faut aussi cultiver avec le plus grand soin la force corporelle, et pour la développer, et pour l'exercer. Nous voulons dire seulement que, dans les sociétés modernes, cette force a perdu tout ce que sa prépondérance avait d'excessif et de désastreux.

doivent marcher désormais, pour arriver à la puissance, à la paix, à la vraie gloire.

Sans doute cette voie nous présente encore mille obstacles. Les difficultés renaissent à chaque pas. Et quand le préjugé ne nous oblige point nous-mêmes à reculer, par l'effet de sa résistance emportée, il s'efforce à reculer de nous le but que nous tâchons d'atteindre. Mais nous y marchons, mais nous en approchons (malgré tous les efforts des ennemis de la félicité des hommes). Nous entrevoyons aujourd'hui tout ce que peut produire le génie des sciences et des arts, éclairant les procédés de l'industrie, pour assurer sur une large base, le bien-être à tous, l'opulence à quelques-uns, et l'aisance au très-grand nombre. Invitons tous les hommes, ceux mêmes que la destinée comble le moins de ses faveurs, à s'élever au-dessus de leur propre fortune, en agrandissant le cercle de leur instruction et de leur activité, pour prendre une part plus abondante aux largesses de l'industrie, aux présents du savoir et d'une raison épurée.

Si des tables de nos écoles, une autorité tutélaire laisse tomber la miette du pauvre, ah! bénissons cette main secourable et prudente. Hélas! il faudrait être aveuglé par la démence de l'orgueil, et par la jalousie la plus barbare, pour envier à l'enfant du malheureux, la faible part qu'on lui concède, au festin dont la patrie fait les frais et les honneurs.

Non, non, ne craignons point de le dire, loin de voir un fléau dans l'instruction répandue, d'une main paternelle, sur les classes indigentes, sachons y voir un bienfait qui deviendra le gage de la félicité publique. Rendre, par de tels dons, tous les individus capables d'apercevoir plus au loin et plus justement, les vrais rapports de leur existence avec toutes les autres existences, c'est multiplier dans la société les éléments d'un ordre général, d'où naîtront, n'en doutons pas, l'union, la concorde et le bonheur de tous.

Tels sont les bienfaits que les amis des sciences et des arts, cherchent à répandre sur notre patrie. Bienfaits que nous osons prévoir, et prédire; et que vous verrez s'accomplir, alors que notre belle France, à force de travaux et de succès, sera devenue, comme le disent avec horreur les apologistes de la fainéantise et du préjugé, LA PROIE DE L'INDUSTRIE

ANALYSE DES DISCOURS

PRONONCÉS DANS L'ASSEMBLÉE TENUE POUR L'ÉRECTION D'UN MONU-
MENT EN L'HONNEUR DE JAMES WATT;

PRÉCÉDÉE

DE CONSIDÉRATIONS GÉNÉRALES

SUR

LES ASSEMBLÉES PUBLIQUES

CONSACRÉES A DES SOUSCRIPTIONS POUR DES OBJETS D'UTILITÉ
NATIONALE,

DANS LA GRANDE-BRETAGNE.

LORSQU'ON veut connaître les grands traits
du caractère d'un peuple, ce n'est point par
des observations sur quelques personnes isolées qu'on peut espérer d'y parvenir. Les va-
riétés que présentent l'éducation, la fortune,
ainsi que les facultés du corps et de l'esprit,
établissent entre les individus, de trop grandes
différences, pour qu'on arrive, avant un
temps très-considérable, à des vérités étendues et constantes, sur la nation qu'on s'est
proposé d'étudier.

Il n'en est pas de même des réunions publiques et nombreuses. Là, de tous les carac-

tères individuels, il se forme, si je puis parler ainsi, un caractère général qui dépend, il est vrai, spécialement de la classe des personnes appelées à la réunion; mais qui dépend, avant tout, du caractère national. En étudiant avec soin la physionomie et les mœurs des assemblées de ce genre, tenues par les diverses classes de la société, dans les circonstances les plus importantes, on peut donc espérer de distinguer des traits constants, qui appartiennent au caractère du peuple qu'on étudie.

La fréquence même, la variété de ces assemblées en Angleterre, et le grand nombre d'individus qu'elles réunissent, offrent un premier fait digne de fixer l'attention du moraliste et de l'homme d'état.

Dans la vie sauvage, l'homme est ignorant, il est faible, il est isolé; il souffre par son isolement même. Le premier service qu'il demande à sa raison, c'est de chercher à rendre sa condition moins misérable et son avenir moins précaire, en coalisant ses forces avec celles de ses semblables. La nature même a fait un sentiment de ce besoin social, en plaçant la sympathie dans le cœur de tous les mortels; en nous faisant souffrir des peines de nos semblables, et jouir de leurs plaisirs. Par degrés cette force d'union, ce bonheur de rapprochement portent leurs fruits bienfaisants. Les sociétés humaines grandissent et prospèrent. Bientôt les nations, en propageant leur population, occupent de vastes territoires. Les distances isolent, de nouveau, des portions considérables de la grande famille; et la diversité des arts, des professions, des intérêts, les subdivise de plus en plus.

Ainsi l'on remarque en tout temps, chez les peuples, deux grandes forces morales. L'une tend à séparer sans cesse les états, les habitudes, les idées, les passions et les besoins des hommes; l'autre tend à rapprocher, à concilier, à combiner les intérêts, les plaisirs le bien-être des individus qui ont quelque parité, quelque analogie de travaux, ou d'études, ou de plaisirs.

Chacune de ces deux forces est nécessaire au progrès de l'état social. C'est à la force de séparation que les hommes doivent l'heureuse distribution et la multiplication des arts, la division du travail dans les procédés de l'industrie, la division des études dans la culture des sciences, et la multiplication des sciences elles-mêmes. C'est à la force de rapprochement ou d'association que les hommes doivent une foule d'entreprises que la fortune, ou la longévité, ou l'expérience d'un seul individu ne suffisent pas pour conduire à terme.

Les nations dont l'histoire nous a gardé le souvenir, comme celles dont nous pouvons étudier la destinée contemporaine, se sont élevées à des prospérités plus ou moins grandes, suivant qu'elles ont plus ou moins favorisé le développement et le plein exercice de ces deux forces.

Les gouvernements ont, en général, mis peu d'obstacles au développement de la première force. Les plus despotiques en ont même déduit un axiome de leur politique : *Divide et impera*. C'est ainsi qu'ils ont fait un instrument de servitude, avec un principe qui ne devait être pour l'état social qu'un instrument de prospérité. Au contraire, ils ont combattu la force d'association par tous les moyens qui se trouvaient en leur pouvoir. Ils ont interdit les réunions que les hommes consacrent à leurs intérêts communs, même les plus innocents. Ils ont proscrit l'éloquence populaire et la liberté de la presse, qui s'adressent à la fois à tant d'individus, qui concilient tant d'intérêts humains, et qui rallient tant de volontés, pour en composer une grande force d'association !

Un trop petit nombre de nations a bien compris l'immense avantage d'une heureuse et libre combinaison des deux forces morales que nous examinons ici : parmi ces nations, il faut placer le peuple britannique.

La Grande-Bretagne, comme les autres contrées européennes, a pendant long-temps été soumise aux institutions barbares de la féodalité. Elle a, d'abord, épousé les erreurs et les préjugés qui sont enfantés par l'égoïsme et par l'avarice, lors des premiers essais de l'industrie et du commerce. Mais des circonstances heureuses ayant sauvé ses libertés nationales, et placé son gouvernement dans un stable équilibre avec les droits des citoyens, l'état social a pris, par degrés, une assiette plus favorable au développement de toutes les forces morales et physiques.

Les Anglais ont réduit en théorie fondée sur l'expérience, la division du travail dans toutes les branches de l'industrie. Ils ont poussé cette division jusqu'à des limites qu'aucun peuple n'avait encore atteintes. La force d'association n'a pas fait moins de progrès par leurs efforts redoublés. Mille entraves gênaient les transactions du commerce, qui florit surtout par les effets de la force d'association. Peu à peu ces entraves ont été étudiées dans leurs inconvénients. Elles ont été d'abord attaquées par un petit nombre de génies pénétrants; puis déracinées par des secousses de plus en plus multipliées;

enfin, aujourd'hui, nous les voyons disparaî-tre, grâces à l'accord admirable des lumières individuelles et de l'autorité publique.

Pour opérer toutes les améliorations socia-les, les citoyens ont besoin de se communiquer leurs idées et de réunir leurs moyens pécuniai-res. Ils ont besoin surtout d'exciter, par leur présence mutuelle, la sympathie des grandes pensées et des sentiments généreux. Tel est le but des assemblées, si fréquentes et si nom-breuses, au milieu desquelles on peut surtout étudier le caractère de la nation britannique.

Parmi ces assemblées, les unes ont pour ob-jet l'éducation de la jeunesse, par voie d'asso-ciation. C'est là qu'une active bienfaisance ap-porte le tribut, non-seulement de son argent et de son or, mais de ses lumières et de son expérience. C'est là qu'on avise aux moyens de donner aux enfants de toutes les classes, des connaissances positives, utiles à la vie prati-que, et favorables au développement, aux pro-grès des professions les plus humbles, comme des plus sublimes. C'est là qu'on cherche, en même temps, à rendre meilleur le caractère de l'homme, à reculer les bornes de son in-telligence, par la communication d'idées nou-velles et justes.

D'autres assemblées non moins remarquables sont excitées par la ferveur religieuse. Leur but est de répandre les lumières et la morale du christianisme, non-seulement parmi toutes les classes de la nation britannique, mais parmi tous les peuples de la terre; et la grandeur de l'entreprise semble justifiée par la grandeur des efforts déjà tentés, afin d'approcher de ce but.

D'autres assemblées ont pour objet l'amélioration du sort d'une classe de l'espèce humaine, et la destruction de l'esclavage de toute une caste. Telles sont les assemblées d'association formées pour l'abolition de la traite, et la libération des esclaves africains. Depuis plus de trente ans que cette association généreuse est instituée, elle a lutté contre tous les obstacles, et déjà les plus grands sont renversés. Déjà la traite est déclarée piraterie par des gouvernements qui naguère s'en déclaraient les promoteurs, les défenseurs et les apologistes. Déjà l'affranchissement des esclaves s'opère avec rapidité sur le continent américain. Il finira par s'opérer dans les Antilles, et le bonheur d'une portion de l'espèce humaine sera le fruit d'une force d'association développée avec énergie, au milieu de la race britannique.

Sans doute un esprit sévère et chagrin peut aisément découvrir dans ces grandes réunions, un mélange par malheur inévitable, entre la plus noble bienfaisance et les calculs odieux d'un égoïsme caché sous le voile du bien général. C'est là qu'il trouvera souvent les déceptions de l'hypocrisie, préparées sous le masque de la vertu. Mais, quand l'objet principal d'une association est utile à l'humanité, cet objet même porte des fruits heureux, malgré l'alliage impur qui contribue à le produire. Cette utilité sociale fait naitre des inspirations qui ressemblent à l'amour du bien public. Elle suggère des déterminations avantageuses à la société, chez ces esprits adroitement calculateurs, qui, dérobant au public la dépravation de leurs principes, rendent à la vertu un hommage extérieur, affectent la philanthropie, et se montrent bienfaisants pour recueillir avec usure la reconnaissance de leurs concitoyens; car ils exploitent, comme un revenu d'honneur, d'estime et de profits, le fruit de bonnes actions que jamais ils n'auraient accomplies pour l'amour d'elles-mêmes. Néanmoins, si l'on pensait que dans les assemblées dont le but est favorable au bonheur de la société, le plus grand nombre, ou seulement une minorité considérable parmi les individus qui les composent, ne sont pas animés par des sentiments honnêtes et généreux, disons-le hautement; ce

serait calomnier le cœur de l'homme, et prononcer anathème sur les meilleurs résultats
des affections sociales.

Poursuivons la revue des principaux sujets
de réunion, parmi les citoyens utiles de la
Grande-Bretagne.

On voit souvent, dans ce pays, des assemblées dont l'objet est d'acquitter les dettes sacrées de la reconnaissance nationale, envers les
hommes qui ont ajouté, par leurs actions ou
leurs pensées, à l'opulence, à la force, à la
gloire de leur pays. Les citoyens se réunissent
afin d'accorder les tributs de l'éloquence à la
mémoire des héros, des magistrats fameux ou
des hommes d'état qui ont couronné la patrie
avec les palmes de la victoire, de la justice ou
du génie. Des contributions libérales et volontaires sont soldées par la gratitude des citoyens; et, bientôt, au sein des temples dédiés
à l'auteur de toute gloire et de toute durée,
des monuments somptueux s'élèvent, pour
apprendre aux générations futures quels sont
les titres d'honneur de la génération présente.

On a remarqué, dans les progrès de la société, que l'homme commence par cultiver les
dons de l'imagination; il finit par les études
qui tendent à développer sa raison. Cet ordre
établi dans le perfectionnement et l'emploi de

ses facultés mentales, on le remarque dans la nature de ses jugements et de son estime pour les œuvres de ses semblables. Il commence par donner la préférence à tout ce qui frappe ses sens, à tout ce qui séduit son imagination. Il faut briller d'abord, afin d'obtenir son estime. Dans l'enfance des nations, l'essentiel, pour se faire aimer des peuples, est moins de leur être utile que de frapper les yeux par de grands coups de théâtre, et les esprits par de fortes impressions, même en portant des atteintes douloureuses et mortelles. Spectacle déplorable d'égarement et de faiblesse! Dans ces sacrifices humains, que se font tour à tour la politique et la guerre, les victimes, égarées par un fanatisme de gloire, succombent, en déposant des couronnes aux pieds des licteurs et des sacrificateurs. Aujourd'hui même, combien de peuples sont encore dans cette enfance et dans ce délire!

Vient enfin l'époque tardive, où l'estime est le fruit des bienfaits publics, où les hommes qui contribuent uniquement au bien-être des citoyens, ne sont plus mis dans un rang inférieur à celui des hommes qui se rendent les instruments de ces dommages éclatants, soufferts par les nations, et qu'on a regardés si long-temps comme le propre de la gloire. Heureuses les nations qui parviennent à cette époque de sagesse et d'humanité !

Naguère, je croyais encore la Grande-Bretagne bien éloignée de ce terme posé si rarement et chez si peu de nations, par une raison tardive. J'admirais sans doute les monuments élevés en l'honneur de ses guerriers les plus fameux, de ses écrivains les plus illustres, de ses hommes d'état les plus habiles; mais je regrettais de ne pas voir, à côté de leurs statues, celles des hommes qui consacrèrent leur génie au développement des travaux destinés à soulager, à favoriser la classe laborieuse. J'exprimais ainsi mes regrets, au sujet d'un des hommes qui ont acquis le plus de renommée dans cette utile carrière : (*Voyages dans la Grande-Bretagne, 3e. partie.*)

« Un habitant de Glasgow a la gloire d'a-
» voir fait faire à l'industrie un des plus grands
» pas qu'on puisse compter dans l'histoire des
» arts. Grâces aux perfectionnements imaginés
» par le célèbre Watt *, la machine à vapeur
» est devenue un moyen universel. Aucun
» moteur connu jusqu'alors n'offrait à si peu
» de frais, dans un aussi petit espace, une

---

* Watt naquit à Greenock, et résida long-temps à Glasgow.

» force aussi grande, aussi constante, aussi
» régulière. Watt est un des bienfaiteurs de
» l'Angleterre. J'ai demandé, avec empresse-
» ment, quel témoignage éclatant il avait reçu
» de la reconnaissance nationale? et ma de-
» mande est restée sans réponse. Il paraît que
» le roi, ni les ministres, ni le parlement,
» n'ont trouvé rien à faire pour la vie et la
» mémoire d'un homme auquel les peuples
» anciens eussent érigé des statues et des au-
» tels, comme à Triptolème, inventeur de la
» méchanique appliquée à l'agriculture. Les
» cendres de l'acteur Garrick * reposent sous
» les voûtes sacrées de Westminster, et les
» cendres de Watt gisent dans le réduit obscur
» de quelque cimetière ignoré !.... »

Combien je serais heureux et fier, si ces paroles, excitant dans les cœurs généreux un
sentiment toujours prêt à s'éveiller, avaient
pû hâter, de quelques heures, l'instant où
les citoyens d'Albion viennent de payer, avec
tant de noblesse et de grandeur d'âme, un

* Nous sommes loin de prétendre que cet honneur
n'était pas mérité par Garrick, qui fut à la fois poëte
ingénieux et grand comédien. Nous prétendons seulement que Watt méritait, à plus juste titre, un monument public dans le Panthéon des grands hommes de
l'Angleterre.

juste tribut aux mânes de James Watt *!....

Oui, je compterai parmi les souvenirs les plus marquants et les plus fortunés de mon dernier voyage dans la Grande-Bretagne, la première des grandes assemblées où les ci-

* Nous allons transcrire ici la note publiée par l'éditeur de la *Revue européenne*, ouvrage périodique dans lequel a paru, pour la première fois, l'écrit que nous reproduisons ici.

Un journal consacré spécialement aux sciences et aux arts méchaniques (*the Mechanic's Magazine*), en rendant un compte étendu et détaillé de l'assemblée tenue pour ériger un monument en l'honneur de Watt, reconnaît ouvertement le noble service que M. Charles Dupin a rendu aux amis des arts utiles dans la Grande-Bretagne, en donnant l'idée d'une si belle récompense, et en reprochant à l'autorité publique de n'avoir pas rendu d'honneurs publics à la vie, aux travaux, à la mémoire d'un des citoyens les plus illustres, et qui ont le plus fait pour leur patrie.

Nous allons citer le passage très-intéressant du *Mechanic's Magazine*, auquel nous faisons maintenant allusion :

« Peu de semaines se sont écoulées depuis le moment » où, en lisant le dernier volume des *Voyages dans la* » *Grande-Bretagne*, publiés par M. Charles Dupin (l'un » des ouvrages écrits avec le plus de savoir et de libéra- » lité qu'aucune plume étrangère ait jamais produits), » nous avons senti très-profondément le reproche na- » tional transmis dans le passage dont nous allons don-

toyens de cette île fameuse se soient réunis,
afin d'offrir un témoignage éclatant de cette
gratitude à la mémoire des hommes qui
ont signalé leur vie par de grandes inventions

» ner une faible traduction. » Ici l'on reproduit le passage qui vient d'être rapporté dans le texte.

« L'appel plein de force fait au sentiment national et
contenu dans ces lignes [1], continue l'éditeur du *Journal
de Méchanique*, n'a pas été adressé en vain ; il n'a pas été
long-temps sans réponse. Presque immédiatement après
avoir fait cet appel, M. Charles Dupin (il assistait à la
séance) a eu la satisfaction de voir le premier ministre et
le représentant du roi, commissionné par le monarque
même pour présider une assemblée publique, afin d'é-
riger un monument à la mémoire de James Watt. Il a vu
ce premier ministre accompagné par plusieurs de ses
collègues les plus éclairés et les plus estimés, par M. Ro-
binson, M. Peel et M. Huskisson. Il a entendu annoncer que des affaires nationales d'une importance plus
grande encore retenaient plusieurs autres membres célèbres du ministère, qui auraient concouru avec la même
cordialité à cet acte solennel de commémoration. Il a vu
quelques-uns des plus illustres sénateurs ; il a vu des individus aussi, qui, dans d'autres temps, dans d'autres
occasions, sont habituellement en opposition avec les
partisans de l'administration, joindre avec ceux-ci leurs

[1] M. Dupin a payé un tribut encore plus circonstancié au mérite des inventions de l'illustre Anglais, dans un discours intitulé : *Considérations
sur quelques avantages de l'Industrie et des Machines en France et en Angleterre.* (Discours prononcé dans la séance générale des quatre Académies
de l'Institut de France, le 24 avril 1821.)

et par de longs travaux, pour ajouter au bien-
être d'un peuple, au bien-être de l'espéce humaine toute entière. Voilà des assemblées dignes des nations les plus éclairées. Voilà des
assemblées qu'il faut offrir en exemple aux
autres nations, pour éveiller chez les peuples
les moins avancés dans les voies de la civilisation , une émulation généreuse de vraie
gloire et de juste reconnaissance. De telles assemblées donnent un nouveau prix aux découvertes, aux bienfaits du génie; elles excitent
les jeunes talents à redoubler d'efforts pour
enfanter des œuvres utiles à la patrie, et dignes à leur tour de l'immortalité. Ainsi, dans
les climats favorisés du ciel, où la nature est
toujours en travail , et reproduit à chaque

voix et leurs cœurs, pour proclamer à la face de l'univers
combien la nation britannique doit de richesse et de
puissance à celui qui a perfectionné à tel point la machine à vapeur. Il a vu (spectacle malheureusement
trop rare) tout esprit de parti étouffé pour le moment ,
afin qu'un grand acte de justice nationale pût être ac-
compli d'un accord unanime. Il a vu enfin le président
du corps le plus savant de l'Angleterre, celui qui a obtenu ce poste parce qu'il n'a point de supérieur dans la
carrière des sciences ; prendre la parole, et donner, pour
ainsi dire, la sanction de la science à l'opinion populaire
qui place James Watt au premier rang, parmi ceux qui
ont été les bienfaiteurs de leur patrie et de l'univers. »

moment les trésors de chaque saison, les mêmes rayons de lumière, qui répandent leur éclat sur les fruits dont ils ont doré la maturité, font éclore des fleurs qui promettent à l'homme une récolte nouvelle, espoir de la saison prochaine.

Autant qu'il nous soit donné d'y réussir, essayons de retracer, dans sa simplicité majestueuse, une réunion des premiers magistrats, des orateurs les plus éloquents, des savants les plus illustres, et des plus habiles artistes d'un peuple célèbre par ses lois, sa science et ses arts.

Le vendredi, 18 juin 1824, à une heure après-midi, cette élite des hommes privés et publics, se réunit dans une salle * consacrée aux assemblées bienfaisantes dont nous avons indiqué quelques objets, au commencement de cet écrit.

Le fauteuil du président est réservé pour le premier ministre de l'empire britannique, lord Liverpool. Les manières simples et modestes de cet éminent fonctionnaire, rehaussent encore l'éclat de son rang et le respect qu'inspirent ses cheveux blancs. A la gauche du fauteuil, on remarque le chancelier de

______

* Freemason's hall.

l'Échiquier et le ministre du commerce, ces deux amis des franchises du négoce, et des libertés de l'industrie. A la droite est le ministre de l'intérieur, le président de la Société royale, et plusieurs lords de la trésorerie. Auprès de ces dignitaires du gouvernement et de la science, je reconnais avec plaisir et vénération, les Mackintosh, les Brougham et les Wilberforce, ces orateurs qui ont élevé l'éloquence parlementaire au rang des plus nobles magistratures consacrées à l'apologie, à la défense de tout ce qui est juste; à la censure, à la réformation de tout ce qui est inique et contraire au bonheur public.

Le comte de Liverpool, appelé par acclamation pour présider l'assemblée, cède au désir général, et fait connaître le sujet de la réunion. Les premiers mots prononcés par le premier ministre de l'empire britannique, entouré de tout ce que le gouvernement et la patrie comptent de citoyens distingués par leur savoir ou par leur éloquence, ont pour objet d'annoncer qu'une telle assemblée est destinée à payer un tribut solennel de gratitude *et de respect*, à la mémoire de l'homme le meilleur et le plus extraordinaire que cette contrée ait vu naître. Un tel éloge me paraît exagéré, je l'avoue, dans la contrée qui a produit le grand Newton. Mais le malheur de la plupart des productions oratoires est d'emprunter un grand éclat à l'hyperbole ; au lieu de rester, avec réserve et simplicité, dans l'exactitude philosophique qui rétribue à chacun la juste part de louange que lui méritent ses travaux et son génie.

Ce qui est plus digne de remarque, dans la phrase que je viens de citer, c'est l'hommage de gratitude, et surtout *de respect*, rendu par la puissance à l'utilité publique. Je vois, dans cet aveu, la déclaration d'un fait de la plus haute importance. Les simples applications de l'industrie qui, chez les peuples de l'antiquité, paraissaient indignes de l'étude du philosophe, sont aujourd'hui le but final des théories les plus sublimes. La méchanique usuelle, dont la pratique faisait rougir les grands géomètres qui, comme Archimède, ajoutaient à ses progrès, devient un titre d'honneur, dans le dix-neuvième siècle, au milieu de la nation britannique ; et les grandes découvertes, les services, les bienfaits de l'industrie, commandent *le respect* des ministres d'un puissant empire.

L'Europe serait heureuse si des opinions aussi pleines de sagesse étaient généralement admises parmi ses peuples. Mais d'antiques préjugés dominent encore chez la plupart des

nations du continent, et font regarder avec
dédain, par les classes oisives et privilégiées,
les services que rendent à la société les travaux qui donnent aux États le bien-être, la
richesse et la force.

Chez un peuple célèbre par les progrès qu'il
a fait faire à l'esprit humain, au milieu d'une
assemblée, l'élite de ses talents ; j'ai vu l'ex-
plication des avantages retirés par la société,
des découvertes de Watt *, reçue avec un
mépris visible sur les physionomies hautaines
et dédaigneuses d'une foule de personnes qui
doivent leur éminence à leur origine antique
ou à leurs prétentions modernes ; j'ai vu les
journaux consacrés aux préjugés des siècles
barbares, signaler comme un ennemi de l'ordre social, l'écrivain téméraire qui se permettait de donner ainsi la préférence à la vulgaire activité, sur l'oisiveté privilégiée qui
vit aux dépens de la population laborieuse.
En Angleterre, j'ai lu tous les journaux qui
ont rendu compte des discours prononcés en
l'honneur de Watt ; et je n'en ai pas trouvé
un seul qui n'ait joint son tribut d'éloge à
celui des orateurs britanniques. Telle est, à

* En prononçant mon discours *sur les Avantages de
l'Industrie et des Machines.*

cet égard, l'avance des insulaires d'Albion sur quelques peuples du continent, ou pour parler avec plus de justice et d'exactitude, sur quelques fractions de ces peuples. Puisse un tel reproche, que je ne crains pas de leur adresser, leur faire réprimer à l'avenir une hostilité superbe, contre l'estime et les honneurs mérités par les travaux consacrés à l'utilité générale. Je croirai, si j'obtiens un tel résultat, avoir fait beaucoup pour cette utilité tant dédaignée par les hommes qui ne contribuent pas à la produire.

Je me hâte de revenir au discours de lord Liverpool. Il s'est abstenu de rappeler en quoi consiste spécialement le mérite scientifique et technique des travaux de James Watt. Il s'est borné à considérer leur influence sur la force publique, point de vue qui convenait davantage à l'homme d'État. « A présent, a-
» t-il dit, nous ne connaissons plus de retards
» dans nos communications avec les autres
» contrées; que les vents nous soient favora-
» bles ou contraires, notre *intercours* avec les
» nations circonvoisines n'en est pas moins
» certain, ni moins régulier. Ces avantages
» éprouvés durant la paix, deviendront au
» besoin des avantages pour la guerre. J'ai vu
» le temps où le sort des armées dépendait de

» la rapidité qu'on pouvait obtenir dans les
» communications, suivant les hasards des
» orages et des vents. Aujourd'hui cette diffi-
» culté ne doit plus être appréhendée; car
» nous pouvons obtenir les communications
» les plus rapides, en appliquant à la navi-
» gation la force de la vapeur. » Lord Liverpool observe ensuite avec raison que sa patrie
possède plus de richesses, plus de ressources
industrielles qu'aucune autre nation, et plus
de ce combustible qui produit la vapeur motrice
des machines. L'Angleterre ne saurait donc redouter l'application de cette force nouvelle aux
opérations de la guerre maritime; elle doit, au
contraire, en attendre une puissance relative de
plus en plus grande. En achevant son discours,
le premier ministre ajoute que le roi même l'a
chargé d'annoncer à l'assemblée, que S. M.
est profondément pénétrée des services rendus
à la Grande-Bretagne, par l'homme à la mémoire duquel nous allons, dit-il encore, comme
je vous l'ai annoncé, en commençant mon discours, payer un tribut de respect et de gratitude. S. M. désire vivement placer son nom à
la tête des souscripteurs, et consacrer cinq cents
livres sterlings à cet hommage vraiment royal.

Certes, le souverain d'un État qui compte
aujourd'hui plus de cent millions de sujets,

agrandit encore son empire, il ennoblit son sceptre, il élève son trône aux yeux de ses peuples, en réparant avec grandeur d'âme un long oubli, en accordant avec grâce et dignité son majestueux suffrage aux travaux d'un des modestes enfants de l'industrie.

Cet exemple est digne de servir de modèle aux hommages que plus d'un souverain des autres nations civilisées rendra peut-être aussi quelque jour, aux mânes de ses sujets qui vécurent oubliés du pouvoir et qui, pour distinctions sociales, n'auront compté, durant leur vie, que les bienfaits répandus par leur génie sur la société.

Après que la puissance constituée eut payé le premier tribut à la mémoire de Watt, *sir Humphry Davy*, le président de la société royale de Londres, se leva pour rendre, au nom de la science, honneur à celui qui sut en faire l'une des applications les plus admirables; à celui qui fut membre de la société royale, comme Newton, Francklin et Sméaton; à celui qui réunit, dans un rare degré de profondeur et d'originalité, les connaissances étendues et si diverses, de la méchanique et de la chimie : connaissances dont le concours était indispensable, soit pour accomplir les perfectionnements raisonnés et graduels par lesquels

Watt a diminué la quantité du combustible
qui produit un effet déterminé, soit pour trouver et pour combiner les moyens alternatifs
de dégager et d'absorber la vapeur, avec les
moyens de développer et de transmettre la
force motrice.

Sir Humphry Davy fait ensuite une brillante
énumération des applications de la force à laquelle Watt sut donner une économie, une
intensité nouvelles.

« Voulez-vous contempler, dit-il, les effets
» variés et puissants du génie de James Watt?
» Parcourez la métropole, et nos cités, et nos
» villes, et nos hameaux; visitez nos arsenaux
» et nos manufactures; pénétrez dans les ca-
» vités où l'on exploite les richesses de la
» terre, et voyez les travaux déployés sur le
» sol; enfin naviguez sur nos rivières, sur
» nos canaux et sur les mers qui baignent nos
» rivages. Partout vous découvrirez les témoi-
» gnages des impérissables bienfaits que la pa-
» trie doit à cet homme illustre. C'est la même
» puissance méchanique qui dessèche les mi-
» nes et met en œuvre leurs produits; qui
» établit de vive force les bases profondes et
» stables des ponts, dont elle élève les pesants
» matériaux. Des machines de toute espèce,
» qui jadis exigeaient d'immenses travaux

» humains, sont aujourd'hui mues avec faci-
» lité par la vapeur. Une force égale à celle
» de cinq cents hommes est réglée par un
» enfant, dont les faibles mains dirigent les
» plus grandes opérations. Les travaux les
» plus pénibles, tels que le sciage du bois et
» de la pierre, ou l'élévation des eaux, sont
» effectués par le même moteur qui produit
» les formes les plus ténues, les plus délicates,
» et les plus élégantes. L'ancre est forgée et
» le jeton frappé, le métal est pétri et le jou-
» jou taillé par cette force extraordinaire,
» universelle et toute-puissante. Le même
» bras de géant, qui donne la torsion au câ-
» ble, assez fort pour retenir le plus grand
» vaisseau de guerre, malgré l'effort des vents
» et des flots, étire ces fils d'argent et d'or,
» qui forment l'ornement léger de la beauté
» délicate. »

Sir Humphry Davy revient ensuite sur quelques-unes des idées développées par lord Liverpool, au sujet des avantages de la vapeur appliquée à la navigation, et des conséquences d'une telle application, pour la force publique. Il développe avec art un beau parallèle entre Archimède et James Watt.

« L'Archimède des siècles anciens, par ses in-
» ventions méchaniques, arrêta quelque temps

» les Romains dans le cours de leurs victoires,
» et retarda, pour un petit nombre de mois,
» la chute de sa patrie. Combien n'a pas fait
» davantage notre moderne Archimède !.... Il
» a élevé, d'une manière durable, la force et
» la richesse de ce grand empire. Pendant la
» dernière guerre, qui fut si longue et si vaste,
» ses inventions, ses applications, doivent être
» placées aux premiers rangs, parmi les moyens
» qui permirent à la Grande-Bretagne de dé-
» ployer une puissance et des ressources infini-
» ment supérieures à celles que pouvait pro-
» mettre la force numérique de ses habitants.
» Archimède estimait surtout la science ab-
» straite; Watt, au contraire, a transformé
» chaque principe dont son génie s'est emparé ,
» en conséquence usuelle et pratique. On dirait
» qu'il a fait descendre le savoir des cieux sur
» la terre. Les grandes inventions du Syra-
» cusain périrent avec lui ; celles de Watt
» sont vivantes; chaque jour, leur importance
» et leur utilité sont mieux senties : elles sont
» au nombre de ces grands résultats qui pla-
» cent l'homme civilisé au-dessus du sauvage;
» qui assurent le triomphe de l'intelligence, en
» élevant de beaucoup le génie et la force mo-
» rale, au-dessus de la force purement ani-
» male, du courage physique et de la supé-

» riorité numérique. La mémoire de James Watt
» vivra aussi long-temps que le monde civi-
» lisé. Mais c'est un devoir pour nous, qui
» avons reçu le bienfait des améliorations dont
» il est le créateur, qui avons contemplé ses
» talents et respecté ses vertus, d'offrir un té-
» moignage éclatant de notre admiration pour
» ce grand homme. Sans doute cet hommage
» n'ajoutera rien à sa gloire; mais il peut
» apprendre aux générations futures que nous
» n'avons pas manqué de gratitude envers un
» si grand bienfaiteur. »

En conséquence, sir Humphry Davy demande
qu'on mette aux voix la résolution suivante :

« Feu James Watt, par sa science profonde,
» et par le génie original qu'attestent ses in-
» ventions admirables, a, plus qu'aucun au-
» tre de ses contemporains, démontré l'utilité
» pratique du savoir, accru la puissance de
» l'homme sur le monde extérieur; enfin mul-
» tiplié, répandu le bien-être et les jouissan-
» ces de la vie humaine. »

Cette motion fut secondée par M. Boulton,
le fils du digne associé de James Watt. Parmi
les nombreux orateurs qui ont épuisé toutes
les formes de l'éloquence pour célébrer le génie
et les travaux de l'illustre mécanicien, j'ai regretté, je l'avouerai, que nul n'ait eu la pensée

de payer un indispensable tribut de reconnaissance à la mémoire de Boulton. La machine de
Watt n'était encore qu'une spéculation ingénieuse, lorsque Boulton, avec autant de courage
que de prévoyance, consacra toute sa fortune
au succès de cette invention.

Pour montrer le rare mérite d'une telle hardi-
diesse dans un homme qui, n'étant lui-même
un profond méchanicien, ni dans la pratique,
ni dans la théorie, ne pouvait pas entièrement
juger par son propre examen, et la valeur, et le
succès futur des travaux de son associé, il me
suffira de citer un fait. Lorsque Watt et Boulton eurent fondé leur établissement de Soho,
près de Birmingham, et construit leur première
machine à vapeur, ils invitèrent Sméaton, le
plus habile ingénieur civil qu'eût alors l'Angleterre, à donner son avis sur cette production
de leurs ateliers. Après que Sméaton eut fait
les expériences nécessaires pour se convaincre
de la grande supériorité qu'elle avait déjà sur la
machine de Newcomen, il douta de la possibilité d'exécuter les diverses parties de la nouvelle machine, avec l'extrême précision nécessaire au succès le plus complet. Cette seule
difficulté lui fit *déclarer* que l'invention de
Watt ne serait *jamais* généralement appliquée
comme un moteur avantageux à l'industrie!...

Certes, il fallait que M. Boulton eût une courageuse confiance dans les moyens de Watt ; il fallait que lui-même eût de grandes ressources intellectuelles, propres à vaincre une foule d'obstacles extérieurs, pour exposer sa fortune entière dans une entreprise que les plus illustres ingénieurs déclaraient téméraire et abortive, après même que les obstacles les plus grands étaient déjà évités ou renversés. Ajoutons, pour compléter l'énumération des services que Boulton rendit à Watt et à la Grande-Bretagne : par son rare talent pour la gestion des manufactures et du négoce, il délivra son associé de tous les soins de la vie, de toutes les spéculations du commerce, de toutes les difficultés que les affaires mercantiles ne manquent pas de multiplier dans les grandes entreprises de l'industrie. Boulton fit plus encore ; il triompha des intérêts et des préjugés qui nécessairement s'élevèrent, dans l'origine, pour arrêter ou du moins retarder le succès des nouvelles machines à vapeur et de leurs applications. Les hommes qui se consacrent sans réserve aux progrès de l'industrie, sentiront vivement l'étendue des services que Boulton a rendus aux arts et aux sciences appliquées, en délivrant le génie de Watt d'une foule de difficultés étrangères au savoir, qui auraient consumé des journées entières bien mieux consacrées à des perfectionnements, à des inventions. Je suis certain d'être l'interprète de tels hommes, en suppléant au silence fâcheusement gardé sur les services de l'associé principal et primitif de James Watt.

On distinguait parmi les spectateurs un vénérable vieillard dont j'aurais également souhaité qu'on honorât les services et le courage, par quelques signes flatteurs de reconnaissance publique. M. Murdoch a dirigé l'application des nouvelles machines à vapeur, pour épuiser les eaux dans les mines de Cornouailles. Afin d'adapter cette force motrice aux pompes d'épuisement, et d'établir ce système en des mines extrêmement profondes, inondées par des eaux d'une effrayante abondance, il fallait une grande habileté dans la méchanique pratique. M. Murdoch s'est montré plein de ressources dans l'esprit et d'expérience dans le savoir, pour triompher de toutes les difficultés. A peine ces difficultés eurent été surmontées, que les propriétaires des mines cherchèrent à priver MM. Watt et Boulton des bénéfices du marché qu'ils avaient contracté. Mais l'incorruptible Murdoch se montrait insensible à toutes les tentations; il résista long-temps aux menaces, et ne se retira qu'au moment où il vit la cupidité des hommes dont il arrêtait la fraude, le menacer de le faire périr au milieu des mines, en le précipitant dans leurs profondeurs. Enfin j'aurais voulu qu'on me montrât Watt, aussi supérieur dans l'art de découvrir et d'attirer à lui les hommes doués d'un rare talent, récompensant l'habileté, l'énergie et l'intégrité de M. Murdoch en l'associant, de concert avec M. Boulton, à leur grande et riche entreprise.

Je reviens au discours, ou plutôt à la notice *lue* par M. Boulton fils, qui, n'étant pas orateur, a cru devoir prendre cette précaution rarement usitée dans la Grande-Bretagne. Dans cette notice, il insiste avec raison sur les difficultés qu'il y avait à surmonter, pour former des ouvriers en état de faire avec exactitude, et sur la plus grande échelle, des travaux qui demandaient une extrême précision. Aussi les deux célèbres associés commencèrent-ils par créer dans leur établissement une école de méchanique appliquée aux arts, pour instruire à la fois dans la théorie et dans la pratique, des sujets également capables de bien concevoir et de bien exécuter. Il fallait en même temps pouvoir donner à chacun des éléments qui composent les machines à va-

peur, les dimensions, la figure, la position
et le jeu les plus convenables : ce qui exigeait
une foule de combinaisons et d'expériences. Les
ressources variées du génie de Watt ont trouvé
des objets dignes de leur développement, dans
les applications nombreuses qu'il a fallu faire
de la machine à vapeur pour des ateliers, et
des manufactures des genres les plus opposés.
Ces applications, qui déjà sont devenues une
espèce de routine facile, ne furent obtenues,
pendant beaucoup d'années, que par les efforts
constants d'un esprit profondément versé dans
les connaissances et les moyens qu'il est possible d'emprunter à la méchanique. Cette
constance de travaux consacrée toujours au
même objet, pour en développer de plus en
plus les usages, a produit des résultats qui
frapperont d'étonnement l'imagination des
hommes. Dans le seul établissement de MM. Watt
et Boulton, la totalité des machines à vapeur déjà construites représente le travail effectif que
pourraient faire cent mille chevaux ! Et si l'on
compte seulement par année trois cents jours
de travail, l'économie produite par ces machines, sur la force motrice qu'elles représentent,
égale deux millions cinq cent mille livres sterlings !... Par cette puissante addition aux forces
consacrées à l'industrie, quelques branches de

manufactures, telles que l'ouvré des cotons, ont pu prendre un développement dont les annales commerciales d'aucun peuple ne fournissent d'exemple. Naguère, le fer extrait des mines de l'Angleterre ne suffisait pas à la consommation intérieure; il fallait importer beaucoup de fers étrangers. Maintenant c'est, au contraire, la Grande-Bretagne qui fournit une foule d'autres contrées avec ses fers bruts ou travaillés. M. Boulton fils attribue justement à M. James Watt la grande part qui lui est due dans les progrès immenses que l'industrie britannique a faits depuis un demi-siècle, et conclut en secondant la motion du président de la société royale. Cette motion, mise aux voix, est adoptée à l'unanimité.

Ensuite M. Huskisson, ministre d'état et président du conseil de commerce, a pris la parole pour exposer plus spécialement les services rendus au négoce de la Grande-Bretagne et des autres nations, par les travaux de James Watt. « Soit que, pour un instant, a-t-il » dit, nous mettions à part toute considéra- » tion de patrie, pour envisager les grands » bienfaits répandus sur le monde civilisé, » soit que nous veuillons limiter nos regards » à l'influence de ces bienfaits sur notre pays, » il est impossible de contempler un tel spec-

» tacle sans éprouver la plus haute admiration
» pour le génie transcendant qui les a pro-
» duits. C'est une jouissance, pour nous, de
» songer qu'un tel homme est né dans notre
» patrie ; c'est une jouissance plus vraie en-
» core, de songer que nous avons vécu dans
» l'époque qui l'a vu naître et fleurir, et que,
» les premiers entre tous les peuples, nous
» avons obtenu les avantages et les présents que
» la divinité a voulu faire à l'espèce humaine,
» par les travaux de ce rare génie. Si parmi
» mes auditeurs, il en est un qui doute du
» rang où Watt doit être placé parmi les ta-
» lents du premier ordre, chez lesquels la puis-
» sance des moyens intellectuels est consacrée
» à l'utilité pratique de la vie et des arts, j'af-
» firme que cet homme n'apprécie pas l'in-
» fluence que le savoir méchanique et chimi-
» que de Watt a exercée sur la condition
» morale de la société. Il n'est pas une portion
» du globe où notre commerce ait pu s'éten-
» dre, qui n'ait retiré quelques avantages des
» inventions de M. Watt. Il a produit cette
» universalité d'avantages, en diminuant le
» travail nécessaire aux productions de l'in-
» dustrie, en ajoutant à la régularité, à la
» rapidité, à l'excellence des fabrications les
» plus variées, pour satisfaire aux besoins,

» aux désirs, aux convenances de toutes les
» classes. Par ces travaux matériels vous amé-
» liorez aussi la condition morale de l'espèce
» humaine. Si vous créez de nouveaux besoins
» dans l'esprit des nations sauvages, vous leur
» donnez de nouvelles idées, un courage d'en-
» treprise et d'efforts qui les stimulera, pour
» les pousser vers l'industrie et vers l'amélio-
» ration de leur existence. Voyez ces contrées
» lointaines, dispersées au milieu de l'Océan-
» Pacifique; ces îles où le capitaine Cook fut
» assassiné par des hordes barbares. Aujour-
» d'hui la civilisation s'est étendue vers ces
» parages, et, depuis une génération seule-
» ment, les habitants de ces contrées ont fait
» déjà plus de progrès qu'ils n'en ont encore
» à faire, pour s'élever au rang et au caractère
» qui constituent les nations indépendantes
» et dignes de l'être. Si l'ancien sauvage de
» ces îles a changé sa nudité ou ses haillons
» contre le linge et les draperies de l'An-
» gleterre, s'il a de même changé ses meu-
» bles et les instruments de son industrie, c'est
» principalement à cause de la facilité que
» donne la machine à vapeur pour fabriquer
» ces objets d'échange, avec tant d'économie
» et de rapidité. Ainsi cette machine a fait sen-
» tir son action, comme un grand levier mo-

» ral, pour élever au sentiment de l'indépen-
» dance et de la civilisation , un peuple
» auparavant barbare et dégradé. Si tels ont été
» les services rendus au loin par la découverte
» de Watt, combien plus grands encore n'ont
» pas été ceux qu'elle a rendus ici même, en
» accroissant notre richesse, en accélérant
» notre prospérité! Si je voulais entrer dans
» l'exposition de ces importants et nombreux
» services, je prouverais que parmi les grandes
» causes qui les ont produits, il faut placer au
» premier rang les progrès modernes de la
» méchanique et de la chimie. » (*Ici l'assemblée interrompt l'orateur par des applaudissements prolongés*). M. Huskisson termine son
discours en montrant que les travaux de Watt
n'ont pas été seulement utiles aux arts de la
paix; ils ont ajouté beaucoup aux moyens de
l'Angleterre pour triompher dans la lutte, si
acharnée et si longue, qu'elle a soutenue depuis
trente années contre les adversaires les plus
dignes d'illustrer ses efforts et sa résistance.

M. Huskisson a proposé pour seconde résolution : que les services rendus par M. Watt
au monde civilisé ont été reçus d'abord , et
dans leur plus grande étendue , par sa propre
patrie, qui doit un tribut national de reconnaissance à l'homme qui l'honora par son génie.

et qui, par ses decouvertes, accrut le bien-
être de ses concitoyens.

Sir James Mackintosh a soutenu cette motion. « Dans les travaux de James Watt,
» dit cet éloquent orateur, nous trouvons
» combinés l'art et la science. Chez lui le
» génie de la pensée et le savoir technique
» marchent du même pas ; ils sont tournés
» vers les meilleurs usages de la pratique,
» pour l'avantage de la société. M. Watt a di-
» rigé toute l'énergie de sa puissante intel-
» ligence vers le perfectionnement d'une ma-
» chine jusqu'alors négligée. Par ses efforts
» il a fait de cette machine un des instruments
» les plus utiles que la méchanique ait don-
» nés à nos arts. Déjà le président de la so-
» ciété royale a proclamé les bienfaits de la
» science dont Watt a signalé les services.
» D'autres orateurs ont montré l'influence
» des travaux de ce grand ingénieur, sur la
» puissance et le salut de l'État, par les ri-
» chesses que ces travaux ont produites, par
» les moyens industriels, par les efforts d'es-
» prit et de courage qu'ils ont excités et dé-
» veloppés. On nous a montré les services
» que les découvertes de Watt ont rendus à
» son pays et à toutes les nations par les bien-
» faits du commerce. Qu'il me soit permis

» maintenant de citer un des plus grands
» philosophes auxquels cette contrée ait ja-
» mais donné le jour : c'est de milord Bacon
» que je veux parler. Dans sa nouvelle At-
» lantide, il suppose un voyage en des régions
» imaginaires. Il décrit un palais où l'on voit
» une galerie magnifique, destinée pour les
» hommes dont la vie fut consacrée aux scien-
» ces et aux arts : cette galerie est en partie
» occupée par les statues des inventeurs.
» L'illustre Bacon, si justement renommé
» pour sa sagesse, n'a point dédaigné de
» placer aux premiers rangs les artistes in-
» génieux qui ont servi leur pays par des
» découvertes utiles. Ici l'on voyait l'inven-
» teur du verre; là l'inventeur de la prépa-
» ration et du travail des fils que fournit le
» ver à soie; et d'autres hommes non moins
» utilement industrieux. Or quelle place, je
» le demande, milord Bacon aurait-il donnée
» à M. Watt, s'il avait été son contempo-
» rain ?... Certes il l'aurait placé, sans au-
» cune hésitation, à la tête des inventeurs
» qu'ont produits tous les siècles. Ce grand
» philosophe poursuit en observant que les
» législateurs, les extirpateurs des tyrans,
» les pères de la patrie ont été révérés comme
» des demi-dieux; les inventeurs d'opérations

» utiles à la société ont reçu, des anciens,
» le titre même de dieux ! »

Après quelques développements sur la différence des découvertes accidentelles ou for-
tuites, et des découvertes scientifiques, telles
que celles de Watt, lesquelles sont conduites
à la perfection par une longue série d'essais
et d'expériences, sir James Mackintosh considère, avec un juste étonnement, combien
est rapide le progrès des applications de la machine à vapeur. « En moins d'un demi-siécle,
» des bords du Mississipi jusqu'aux rives du
» Gange, le nom de Watt est répété, et les
» bienfaits de son invention sont éprouvés.
» Déjà toutes les grandes rivières du sud de
» l'Amérique sont parcourues par des bateaux
» que fait mouvoir la force de la vapeur. Le
» sauvage habitant des rives de la Guiane
» s'est effrayé tout à coup, à l'aspect d'un
» monstre nouveau qui s'avance sur les eaux,
» sans effort apparent, et sans moteur moral...
» Si d'aussi vastes résultats sont le fruit d'un
» aussi petit nombre d'années, que ne peut se
» promettre, pour l'avenir, la plus légitime
» espérance?... Pour moi, je suis persuadé
» que des conséquences plus étendues, plus
» élevées encore, sont réservées à la postérité,
» dans les livres secrets du destin. La combi-

» naison des arts utiles et des beaux-arts a
» répandu des connaissances générales dans
» un plus grand nombre d'esprits ; ces con-
» naissances ont été mises à la portée des sim-
» ples artisans ; à la portée de cette classe
» d'hommes , pour la plupart remarquables
» par leur esprit intelligent, ingénieux, actif,
» et plein du désir de s'instruire. Il y a peu
» de temps, j'ai visité avec l'honorable et sa-
» vant ami qui siége auprès de moi, une in-
» stitution de cette métropole où des leçons
» scientifiques sont données aux artisans. Ils
» étaient au nombre de huit cents. Jamais je
» n'ai vu d'assemblée plus régulière et plus
» respectable, ni de réunion populaire où la
» décence et la propreté du vêtement et de la
» contenance, indiquassent un sentiment mo-
» ral plus approprié à la circonstance. La leçon
» roulait sur un objet en apparence (mais seu-
» lement en apparence) bien au-dessus de l'in-
» telligence d'un tel auditoire. Il s'agissait de
» faire comprendre la loi de l'attraction, ré-
» vélée à l'univers par l'illustre Newton. Le
» professeur expliquait la diminution de la
» force attractive , en raison du quarré des
» distances. Lorsqu'il eut achevé ses expli-
» cations et sa démonstration , l'auditoire
» tout entier éclata par un applaudissement

» unanime : comme si les hommes dont il
» était composé eussent senti qu'une vérité
» nouvelle et sublime venait d'être révélée à
» leur intelligence. Peut-être jamais un ap-
» plaudissement plus honorable pour l'esprit
» des approbateurs ne se fit entendre dans
» aucune assemblée. » Cette noble peinture
d'une scène si intéressante pour les amis des
progrès de l'espèce humaine, fut à son tour
couverte d'applaudissements par un auditoire
composé des hommes les plus éminents dans
les sciences, les lettres et les arts.

Sir James Mackintosh ayant terminé son
discours en secondant la motion de M. Huskisson, le président la mit aux voix, et elle
fut adoptée à l'unanimité.

M. Brougham prit ensuite la parole, et
d'un ton de voix simple, grave, *impressif*,
il dit : « Je ne puis m'empêcher de sentir
» l'honneur éminent qui m'est déféré, lors-
» qu'on m'appelle pour prendre part à la
» proposition des résolutions qui doivent ex-
» primer les sentiments de cette assemblée.
» Je sais que je dois cet honneur, moins à
» mon propre mérite, qu'à l'humble mais
» ardent appui que j'ai prêté, de concert avec
» un honorable ami, à l'institution dont l'ob-
» jet est de mettre la science à la portée du

» modeste artisan : à l'institution dont l'effet
» sera de tirer de la foule le talent qui
» pourrait se trouver enfoui dans une obs-
» cure pauvreté, afin de le guider sur les
» traces de celui qui jadis, comme ces arti-
» sans, fut obscur, et pourtant dont le gé-
» nie resplendit aujourd'hui d'un lustre écla-
» tant et utile. Il est un autre sujet dont je
» désire entretenir l'assemblée. J'ai connu
» M. Watt dans sa vie privée. Malgré la
» vaste réputation de son mérite et de son
» talent, rien n'était plus simple, plus can-
» dide et plus pur que les actions et les mœurs
» de cet homme estimable surtout pour son
» amour de la justice. Telles étaient la
» variété de ses talents et de ses qualités, la
» force de ses moyens intellectuels, l'étendue de
» ses connaissances et de leurs applications,
» qu'il est difficile de dire ce qu'on doit le plus
» admirer, ou la vaste capacité de son esprit,
» ou la délicatesse avec laquelle il savait en
» proportionner l'action aux moindres circon-
» stances. On a dit ingénieusement que la ma-
» chine inventée par M. Watt pouvait, comme
» la trompe de l'éléphant, saisir et mouvoir
» avec force les plus pesants fardeaux, avec
» adresse les objets les plus légers et les plus
» fragiles. On pourrait dire qu'en cela le gé-

» nie de Watt ressemblait à sa découverte qui
» tour à tour excelle par la grandeur et la
» délicatesse de l'action. Telle était l'universa-
» lité du génie de M. Watt, qu'à l'époque où
» ce génie s'étendait aux plus vastes concep-
» tions, il pouvait descendre à l'étude de la
» critique littéraire et de l'érudition classi-
» que. » Ici M. Brougham revient encore sur
les qualités morales du célèbre ingénieur. « Il
» était éminemment distingué, dit-il, par l'ab-
» sence de toute jalousie, contre les travaux
» et les succès d'autrui. Il était remarquable
» par le soin le plus parfait d'éviter tout
» égoïsme dans ses actions. Il craignait surtout
» de paraître vouloir s'approprier une répu-
» tation que d'autres auraient méritée. Voilà
» ce qui lui fit toujours repousser l'honneur
» que chacun voulait lui rendre en l'appelant
» l'*inventeur* de la machine à vapeur. Il se
» contentait du titre d'*améliorateur*. Cepen-
» dant douter de ses droits au titre d'inven-
» teur, ne serait pas moins absurde que de
» douter du génie original de sir Isaac Newton,
» parce que Descartes d'un côté et Galilée de
» l'autre ont précédé celui-ci dans la carrière.
» M. Watt trouvait toujours un plaisir parti-
» culier à concilier les réclamations d'autrui
» pour des découvertes scientifiques. Bien qu'il

» fût un homme du caractère le plus doux, il
» était toujours courroucé contre l'adulation
» qui se rapportait à lui-même, et contre l'in-
» justice de quiconque attribuait à quelqu'un
» ce qui était la légitime propriété d'un autre.
» C'est pour honorer ces rares, ces excellen-
» tes qualités du caractère et du génie, que
» nous nous sommes assemblés dans l'inten-
» tion d'ériger un monument à la mémoire du
» grand ingénieur. Non que sa mémoire ait
» besoin d'un monument pour devenir immor-
» telle ; car sa mémoire sera durable autant
» que la puissance qu'il a soumise à l'usage
» de l'homme ; mais pour consacrer son exem-
» ple à la face de l'univers ; mais pour mon-
» trer à tous les citoyens qu'un homme d'un
» talent extraordinaire ne peut pas mieux l'em-
» ployer qu'à rendre service à toute l'espèce
» humaine.

» Où pourrions-nous mieux placer le monu-
» ment de ce grand homme, qu'au sein d'un
» temple de cette religion qui prêche la paix
» pour tous, et l'instruction pour le pauvre !
» Les temples des païens étaient décorés avec
» les statues des guerriers qui répandirent la
» désolation sur les peuples : que les nôtres
» soient embellis par les statues des hommes
» qui ont contribué au triomphe de la science

» et de l'humanité, et surtout par la statue
» de celui qui, sans avoir jamais affligé aucun
» de ses semblables, sut accomplir des travaux
» qui sont à la fois un honneur et un bienfait
» pour la société. Je demande la permission
» de proposer : qu'un monument soit érigé à la
» mémoire de James Watt, dans la cathédrale
» de Saint-Paul, ou dans l'église collégiale de
» Saint-Pierre à Westminster, et qu'une sous-
» cription soit sur-le-champ ouverte pour cet
» objet. »

M. *Littleton*, membre du parlement, prend ensuite la parole pour seconder cette motion. Il rapporte quelques calculs donnés par M. Charles Dupin * pour évaluer le nombre et la force totale des machines à vapeur dans la Grande-Bretagne. Il en conclut que la différence entre la dépense de ces machines et celle des chevaux qu'il faudrait employer pour opérer le même travail, s'élève, chaque année, à vingt millions de livres sterling !... Tel est le service matériel rendu par M. Watt. Les conséquences d'un tel service sont immenses, en richesse, en population, en bien-être, etc....

Après que M. *Littleton* eut fini son discours, M. *Peel*, secrétaire-d'état au département de

---

* *Voyez* notre discours précédent.

l'intérieur, se leva pour seconder aussi la motion de M. Brougham. Jeune, d'une figure ouverte et spirituelle, d'une taille avantageuse, M. Peel, avec un accent de voix profondément pénétré, fit entendre le discours suivant, qu'il sut prononcer avec autant de simplicité que de noblesse et de vraie modestie :

« Prendre la parole pour essayer d'ajouter
» quelque chose aux éloquents et savants tri-
» buts d'éloge qui viennent d'être donnés à
» la mémoire de James Watt, serait sans doute
» une grande présomption de ma part. Cepen-
» dant, le poste que j'occupe me fera peut-
» être excuser de présenter ici quelques obser-
» vations, surtout si l'on réfléchit en quoi je
» diffère, par ma situation, de ceux qui ont
» pris avant moi la parole. Je suis une de ces
» personnes innombrables qui ont retiré, des
» inventions de M. Watt, un bénéfice immé-
» diat et personnel. Je suis un de ceux qui ont
» trouvé toute leur prospérité dans les fruits
» d'une honnête industrie créée, perfectionnée
» par d'autres*. » *Ici l'orateur, interrompu par des applaudissements redoublés, peut lire sur les visages combien tous les cœurs répondent, par une sympathie générale, à sa noble confession.*

* Le père de M. Peel est un des plus grands filateurs de coton, dans la province de Lancastre.

« Bas, indigne doit être l'esprit d'un homme
» qui, dans une occasion pareille, pourrait
» refuser de déclarer sa dette, avec tout autre
» sentiment que celui de la gratitude ! » *Ac-*
clamations, applaudissements, plus vifs encore
et plus prolongés. « La branche d'industrie
» dont je veux parler est la filature des cotons ;
» filature qui a reçu une seconde vie et une ac-
» tivité nouvelle par les inventions de M. Watt.
» C'est en 1790 que la première machine à
» vapeur fut érigée dans la ville de Manchester.
» Avant cette époque, les manufactures étaient
» dispersées dans les districts les plus éloi-
» gnés ; elles dépendaient presque uniquément,
» pour leur force motrice, du travail des ani-
» maux. M. Watt effectua la révolution la plus
» complète à cet égard. Il transporta les ate-
» liers, de lieux inaccessibles et sauvages,
» dans les villes et les bourgades. Il donna les
» moyens de réunir, sous un même toit, toutes
» les branches d'une même industrie ; de sorte
» qu'avec la plus étonnante rapidité, la ma-
» tière première et brute est maintenant trans-
» formée en tissu parfait. *Applaudissements.*
» Quand je songe à ce qui s'opéra il y a trente
» années ; quand j'envisage les fortunes créées
» depuis cette époque ; les cités fondées, agran-
» dies, et les millions d'habitants qui doivent

» le jour et la subsistance à ces manufactures,
» je ne puis m'empêcher d'offrir l'hommage le
» plus sincère de mon admiration pour le génie
» de M. Watt, et pour les prodiges enfantés
» par son talent. » *Applaudissements.* « Oui,
» je sens que la classe de la société parmi la-
» quelle j'ai pris naissance a été *ennoblie* par
» ce génie. » *Applaudissements plus grands
encore.* « Mais c'est moins pour ce motif que
» pour l'honneur répandu par J. Watt sur la na-
» tion toute entière, que je m'unis au désir gé-
» néral de voir sa statue érigée parmi celles de
» nos hommes illustres. J'espère que cette as-
» semblée amendera la suggestion de lord Ba-
» con, et que nous verrons le monument de
» Watt placé sous le même dôme qui contient
» les restes du poëte, du guerrier et de
» l'homme d'état; ces favoris de la renommée,
» que je considère tous comme unis dans leur
» pensée pour l'illustration, pour le bien-être
» de leur patrie, et comme faits pour refléter
» l'un vers l'autre le lustre de leur gloire per-
» sonnelle et patriotique. »

C'est en étudiant la sensation profonde qu'un
semblable discours produit sur une vaste assemblée, qu'on peut justement apprécier et
l'esprit d'un peuple et l'avancement de sa
civilisation. Ce spectacle a fait naître en moi

des pensées qui ne s'effaceront jamais de ma mémoire.

Il est inutile de dire qu'après la harangue de M. *Peel*, la proposition qu'elle avait pour but de seconder fut unanimement adoptée.

Ensuite le comte d'*Aberdeen* proposa de nommer un comité pour diriger l'exécution du monument, la collecte des fonds et l'économie des dépenses. Cette motion fut secondée par M. Frankland Lewis.

Lord *Liverpool*, avant de mettre aux voix cette nouvelle résolution, fit connaître que M. *Canning*, le secrétaire-d'état pour les relations extérieures, venait d'écrire, afin d'exprimer ses regrets au sujet de son absence; des affaires politiques, impossibles à remettre, ne lui permettaient pas d'assister à l'assemblée, et d'y payer avec ses collègues, un tribut d'admiration pour le génie de M. Watt.

Je suis fâché, je l'avoue, que le plus brillant orateur du sénat britannique n'ait pas pu joindre sa voix à celle de ses émules, dans une aussi noble occasion. L'éloquence des anciens, si souvent consacrée à l'éloge des guerriers morts pour la patrie, ou des grands magistrats, ou des rois, ou des empereurs, ne le fut jamais à l'éloge des modestes travaux, simplement utiles à l'humanité. C'est un champ nouveau que les progrès de la civilisation présentent à l'orateur ; et parmi tous les hommes dont s'honore le sénat britannique, il n'en est pas peut-être dont le talent d'exposition, fertile, ingénieux et plein d'éclat, soit plus propre à ce genre de panégyrique que celui de M. Canning.

M. *Wedgewood* ayant proposé de voter des remercîments au président de l'assemblée, M. *Wilberforce* se leva pour seconder cette motion. Il fit entendre une voix si long-temps brillante et sonore, mais affaiblie par les ans, et presque usée par quarante ans d'efforts en faveur d'une portion du genre humain. La philanthropie généreuse de l'orateur septuagénaire s'est réveillée comme un brasier sacré qui jette ses dernières et pures lueurs. La chaleur d'un vrai patriotisme s'est fait sentir en des accents animés par le spectacle de la concorde des hommes de tous les partis, de ces hommes qu'on voyait enfin oublier leurs dissentiments politiques pour s'unir en offrant aux mânes d'un compatriote illustre et d'un bienfaisant citoyen, le tribut d'une reconnaissance unanime et nationale.

Les remercîments dus au noble président ayant été votés à l'unanimité, il répondit à ces remercîments, et finit en demandant la permission de mettre au-dessous des 5oo l. st.

données par le souverain , 100 l. st. pour sa propre souscription.

J'ai tâché de rendre, avec fidélité , les principales pensées et les impressions produites par l'une des assemblées les plus mémorables dont la Grande-Bretagne ait été le théâtre. Heureuse la nation qui peut réunir tant de savoir, d'éloquence et de patriotisme , pour reconnaître dignement tant de génie, de services et de vertus ! Puisse l'admiration que mérite un si bel exemple frapper les esprits chez tous les peuples qui mettent quelque prix aux bienfaits de la civilisation ! et puisse, à l'avenir, une telle admiration ne pas demeurer vaine et stérile !.... Songeons que les hommages publics rendus à la mémoire des hommes illustres sont un germe qui se répand avec fertilité dans toutes les jeunes âmes, pour y développer cette énergie et ces efforts qui produisent à leur tour de nouveaux hommes illustres. O mon pays , en attendant que tes magistrats et tes citoyens de tous les rangs apprennent à payer ces dettes impérissables de la gloire et de la gratitude, pour exciter dans le cœur de nos enfants l'enthousiasme et l'espoir des grandes choses, puisse du moins le récit de tels hommages rendus sur une terre étrangère, offrir la pensée et comme l'ombre des solennités nationales que la reconnaissance publique verra quelque jour accomplir sur le territoire de la France !....

Je ne terminerai pas cette relation sans offrir une pensée qui, je l'espère, ne sera pas vainement présentée aux citoyens de la Grande-Bretagne. Quelque grands qu'aient été les services rendus par James Watt, ils n'ont produit tout leur effet en faveur de l'empire britannique, que par les services contemporains de deux autres hommes, doués comme lui d'un talent extraordinaire : je veux parler d'*Arkwright* et de *Brinkley*. C'est à *Brinkley* que l'Angleterre doit son admirable système de canalisation. C'est par ce système que les contrées où le combustible abonde ont pu devenir le site d'une foule de manufactures mises en action par la force de la machine à vapeur, en recevant avec avantage les matières premières, de tous les points où s'étend la ramification combinée des canaux, des fleuves et des rivières. Cette ramification permet de conduire le combustible, depuis les mines les plus éloignées jusqu'aux foyers d'industrie dont la machine à vapeur développe l'activité. On a dit, avec raison, que les services de Watt s'étaient étendus à toutes les nations du globe où le commerce britannique a pu porter les produits de la Grande-Breta-

gne. Mais, si le commerce a pu porter avec
avantage, en toutes les parties du globe, les
produits de la Grande-Bretagne, c'est grâce
au système de communications intérieures qui
doit à Brinkley son établissement. Les bienfaits
rendus par Watt sont les tributaires des services rendus par Brinkley.

Parlerai-je d'*Arkwright?* quel sujet d'étonnement et d'admiration, qu'un simple barbier
de village qui conçoit, par la force de son
génie, une combinaison méchanique capable
d'exécuter les opérations du filage avec toute
la dextérité qu'on peut attendre de l'agilité
intelligente des doigts d'une habile fileuse !
d'un homme qui réalise un semblable dessein,
et avec tant de succès, que par le développement naturel de son invention primitive, aujourd'hui, dans la Grande-Bretagne, plus de
cent mille individus sont employés aux travaux immédiats d'un filage, dont l'effet le plus
surprenant est d'effectuer avec chaque homme,
chaque femme, chaque enfant, le travail de
cent autres personnes !....: Et si l'on ajoute à
ce nombre, les ouvriers attachés au tissage
des cotons, aux ouvrages de luxe et de fan-
taisie qui en dépendent, à l'importation, à la
préparation, à la vente des matières premières, et des matières ouvrées, à la construction,

à l'entretien, au service des ateliers, des magasins, des machines, des voitures et des vaisseaux, nécessaires à cette immense industrie, qui pourra dire combien d'individus concourent directement ou indirectement aux travaux créés par Arkwright....

En un demi-siècle seulement, le résultat de ces progrès a donné des produits si parfaits, si économiques, malgré la cherté de la vie et l'énorme fardeau des taxes, dans les royaumes unis de l'Angleterre, de l'Écosse et de l'Irlande, que des cotons bruts achetés dans l'autre hémisphère, amenés de 4000 lieues, ouvrés, et renvoyés par cette longue voie de 4000 lieues, reviennent à la Chine et dans l'Indostan pour triompher, par leur beauté, leur légèreté, leur perfection et leur bas prix; des tissus célèbres depuis cinq mille ans, et depuis une si haute antiquité, fabriqués avec tous les raffinements d'une industrie manuelle, et toutes les traditions d'une expérience héréditaire.

Disons enfin qu'aujourd'hui, devant le commerce de la Grande-Bretagne, l'étendue et l'activité du commerce des nations les plus industrieuses de l'ancien et du moyen âges, disparaissent, comme de faibles pygmées devant une statue colossale. Eh bien! la moitié des immenses exportations de l'Angleterre et de l'Écosse, est fournie par le produit des manufactures dont l'invention d'Arkwright est le principal fondement !

Si l'Angleterre rend à la mémoire d'Arkwright et de Brinkley les mêmes honneurs qu'elle vient de rendre à la mémoire de James Watt, elle complétera les justes hommages que sa reconnaissance doit aux génies les plus utiles qui l'aient servie dans les siècles passés. Elle prouvera que sa reconnaissance, loin d'être partiale ou fortuite ou capricieuse, est, au contraire, le fruit d'un sentiment qui peut s'étendre sans s'affaiblir, pour embrasser le souvenir de tous les grands bienfaits auxquels sont dues sa puissance et sa gloire.

SEPTIÈME DISCOURS,

PRONONCÉ DANS LA SÉANCE PUBLIQUE DES QUATRE ACADÉMIES DE
L'INSTITUT DE FRANCE, le 24 avril 1822.

INFLUENCE DU COMMERCE

SUR LE SAVOIR,

SUR LA CIVILISATION DES PEUPLES ANCIENS ET SUR LEUR
FORCE NAVALE.

MESSIEURS,

En demandant à l'histoire quelques faits et
quelques vérités, essayons d'apprécier l'influence exercée, par le commerce, sur le savoir et sur la civilisation des peuples anciens.

Déjà quarante siècles ont marqué les révolutions du monde, depuis que les annales du
commerce ont laissé dans la mémoire des hommes, les premières traditions descendues jusqu'à nous.

Dès cette haute antiquité, l'on voit un peuple industrieux s'établir sur une plage resserrée,
infertile, mais protégée par les monts du Liban
contre les déprédateurs du continent, et proté-

gée, contre les pirates de la mer, par des navires construits avec le cédre de ces monts. Ainsi les Phéniciens trouvent, au même lieu, l'indépendance, la paix et le besoin du travail. Voilà les sources premiéres de leur fortune commerciale; en voici les bienfaits pour les autres nations.

L'Afrique occidentale, les Espagnes, l'Italie, la Grèce étaient barbares encore, et déjà la Phénicie florissait. Elle leur apporta les procédés et les produits d'une industrie perfectionnée. Elle leur apprit la construction des vaisseaux; la navigation, et les secours qu'elle reçoit de l'astronomie; l'art de tenir les comptes du négoce et d'en régler les échanges, par des mesures et des poids publiquement établis pour les usages de la société.

Contraste digne de remarque! L'Égypte sacerdotale, plus occupée d'asservir que d'éclairer les hommes, invente une écriture mystérieuse, inconnue aux profanes, c'est-à-dire, aux citoyens. La Phénicie commerçante * in-

Phœnices primi, famœ si creditur, ausi
Mansuram rudibus vocem signare figuris.
Nundùm flumineos Memphis contexere biblos
Noverat. Et saxis tantùm, volucresque feræque
Sculptaque servabant MAGICAS *animalia linguas.*

Pharsaliæ, lib. III. M. Annæi Lucani, vers. 220 et seq.

vente une écriture et des calculs faciles et populaires, qui deviennent, pour l'Occident, l'un des plus puissants moyens de civilisation.

Ce fut, vous le savez, le phénicien Cadmus qui fit connaitre à l'Europe, l'usage des lettres de l'alphabet. Posséder ces éléments descriptifs de la pensée, est un si grand avantage, qu'on en a fait, dans les siécles modernes, l'objet d'un monopole; et l'une des douleurs les plus profondes qu'éprouvent aujourd'hui des esprits superbes, ennemis jurés d'une instruction qui descend jusqu'au fils de l'ouvrier et du pauvre, est de voir ce monopole diminuer de jour en jour, par un enseignement qui répand cette connaissance précieuse, dans la masse de tous les peuples, avec une rapidité désespérante pour l'ombrageux égoïsme des détracteurs * du savoir.

---

* Que l'espoir rentre dans leur âme... Il y a dix-huit mois seulement (en 1819), la France possédait 1200 écoles d'enseignement mutuel, et parmi celles-là, 500 ont déjà disparu.... Trois cents écoles où trente-cinq mille jeunes gens recevaient le bienfait inestimable d'une instruction élémentaire, et qu'une année peut-être suffisait pour compléter ! Voilà la perte de la France.

On ne connaît pas, dans le public, les causes principales d'un aussi grand malheur; on s'en prend à tort au ministère. C'est de plus bas que partent les plus grandes

Écoutons à présent la voix d'un sage, sur l'esprit public et les institutions qui concouraient à la grandeur du peuple phénicien. « Les

résistances. Les notaires de campagne, les procureurs et les huissiers des petites villes, les marguilliers et les chantres de paroisse, les maires et les adjoints de village, voire aussi de certaines cités, etc., etc., voilà les plus actifs adversaires d'un enseignement qui, rendant universels la lecture, l'écriture et le calcul, détruirait le monopole des emplois subalternes pour lesquels ces connaissances sont tout à la fois indispensables et presque suffisantes.

N'est-ce pas un spectacle affligeant et scandaleux, que de voir, sous le règne d'un prince ami déclaré des lettres et fondateur d'écoles d'enseignement mutuel, d'ignares individus employer tous leurs efforts pour détruire ces établissements, au nom du royalisme! Comme si royalisme était, dans leurs esprits bornés, synonyme de vandalisme?...

Nous citerons à l'appui de cette assertion, l'école gratuite d'enseignement mutuel entretenue à Donremy, aux frais du Roi, dans la maison paternelle de Jeanne-d'Arc.

C'est une pensée digne d'être citée avec éloge, que celle d'ouvrir, en faveur des enfants du pauvre, une royale école, sous le toit patriotique où la fille du pauvre fut élevée pour sauver la monarchie, en chassant l'étranger d'un territoire qu'il souillait par son usurpation et par sa fatale influence.

Espérons qu'un si bel exemple ranimera l'ardeur et soutiendra le zèle des généreux citoyens qui, depuis cinq

capitaines, les pilotes * des navires tyriens étaient choisis, nous dit-il, parmi les habitants les plus instruits et les plus respectables. Toute espèce de fonctions et d'emplois commerciaux étaient réputés honorables : ils donnaient dans l'état une juste prépondérance **. Le port de Tyr était ouvert, sans restrictions, aux bâtiments, aux marins de toutes les contrées ; l'étranger y pouvait, comme le régnicole, acquérir et vendre sans entraves. Ce commerce avait comblé de biens un grand nombre de nations maritimes, et l'opulence de Tyr avait fait la fortune des rois ***. Aussi, lorsqu'après des siècles de paix

années, luttent avec tant de courage contre d'absurdes préjugés. Certes, les amis les plus ardents de la royauté ne peuvent concevoir de craintes au sujet d'un enseignement qui, parmi ses protecteurs et ses soutiens, compte les plus beaux noms de l'antique monarchie, et d'éloquents défenseurs, aussi dévoués à l'autorité du gouvernement, que MM. Cuvier et Lainé. Amis de la civilisation, de la puissance et du bonheur de notre pays, rassurez-vous donc contre de vaines terreurs, et marchez vers un but honorable, en dépit de tous les obstacles.

* *Sapientes tui, Tyre, facti sunt gubernatores tui.*

** *Nautæ tui et gubernatores tui, qui tenebant suppellectilem tuam : populo tuo præerant....*

*** *In exitu negotiationum tuarum de mari implevisti*

et de félicité, le malheur tomba sur cette ville, tous les peuples insulaires et les princes des îles, frappés par la même tempête, pâlirent consternés *. » Quel est donc l'observateur profond qui nous apprend ces bienfaits d'un commerce ami des hommes, ce partage d'une fortune adverse ou favorable; cette alliance, enfin, qui naît d'un mutuel intérêt entre les rois et les peuples de diverses nations?... Quel génie philosophique, perçant la nuit des temps barbares, découvre ainsi, d'un sublime et rapide regard, les causes invisibles des prospérités commerciales : *le savoir, l'honneur, les libertés et la sécurité?* C'est le prophète Ézéchiel **.

Une opulence acquise par l'industrie, et protégée par les lois bien plus que par les armes, devait tenter l'avarice et l'ambition des conquérants de l'Asie. L'un d'eux, après de vastes succès, entreprend de forcer les Tyriens dans leur ville et de piller leurs trésors. Ils résistent treize années aux efforts de tout son

populos multos : in multitudine divitiarum tuarum, et populorum tuorum, ditásti reges terræ.

* *Universi habitatores insularum obstupuerunt super te; et reges earum omnes, tempestate perculsi, mutaverunt vultus.*

** C. 27.

empire. Cependant, fatigués de soutenir sans fruit une lutte interminable, et d'épuiser dans les destructions de la guerre une énergie consacrée jusqu'alors aux productions de la paix, ces magnanimes citoyens conçoivent la pensée de construire une autre Tyr, au milieu de la mer, en présence de l'ennemi. Une moitié des leurs continue de combattre; l'autre, impassible et laborieuse au fort du danger, comme au sein d'un calme profond, bâtit les murailles et le port de·la ville insulaire *, transporte et reconstruit les édifices publics et les demeures privées, leur restitue jusqu'aux objets d'ornement et de simple utilité, qui naguère en faisaient la commodité, l'agrément et la parure. Enfin, quand tout est prêt pour la défense et l'habitation, les défenseurs de Tyr, avec leurs armes, leurs

---

* On dirait que Virgile a voulu décrire ces travaux, dans les beaux vers que nous allons citer, et qui s'appliquent à la fondation d'une ville tyrienne.

Instant ardentes Tyrii : pars ducere muros,
Moliríque arcem, et manibus subvolvere saxa ;
Pars optare locum tecto, et concludere sulco.
Hìc portus alii effodiunt ; hìc alta theatris
Fundamenta locant alii, immanesque columnas
Rupibus excidunt, scenis decora alta futuris.

Æneidos, lib. I, v. 428 et seq.

vaisseaux et leurs dieux tutélaires, abandon-
nant à l'agresseur un monceau de décombres,
se retirent dans leur nouvelle patrie, invain-
cus, libres, maîtres de la mer, et par conséquent du commerce de la terre.

Telle fut l'origine de la nouvelle Tyr, dont le
siége et la prise demandèrent aux Grecs (conduits par l'invincible Alexandre!) plus de
travaux et de périls, que le renversement de
l'empire du roi des rois.

La Grèce, colonisée par l'Égypte et par la
Phénicie, enrichie de leurs arts, éclairée de
leur expérience, a fait des pas rapides vers la
civilisation. La forme irrégulière de ses rivages, tant de ports excellents que présentent
ses vastes côtes et ses îles sans nombre, tout y
rendait le commerce et la navigation, avantageux et nécessaires. Aussi, dès l'origine, presque tous les peuples de cette contrée furent-ils
commerçants et navigateurs.

Parmi les Grecs qui parcouraient la Phénicie, l'Égypte, la Syrie et la Perse, pour y suivre les opérations du négoce, il se trouvait des
hommes qui, doués d'un profond esprit d'observation, et plus jaloux d'acquérir des lumières que des richesses, entreprenaient les
mêmes voyages, dans le seul dessein d'étudier
les lois, les mœurs et le savoir des nations

les plus célèbres par leur industrie, leur expérience et leur sagesse. Ils revenaient ensuite dans leur patrie, pour transmettre à leurs concitoyens ces trésors de l'intelligence. Les peuples, frappés de la grandeur de ces présents, élevaient au rang auguste de législateurs, les sages qui, sur les pas du commerce, avaient recueilli les dons de la philosophie.

Le plus illustre de ces législateurs, Solon *, fit des lois admirables pour le négoce et la civilisation. Il abolit le droit barbare de contraindre à la domesticité les débiteurs insolvables, et de saisir leurs enfants pour les exporter et les vendre. Afin de mettre un frein à l'usure, non-seulement il introduisit quelques régles d'un intérêt légal, il donna par ses lois une sécurité jusqu'alors inconnue aux transactions commerciales : sécurité qui, mieux que des décrets formels, réduisit un intérêt toujours exorbitant et ruineux dans l'enfance et le désordre de la société **. Solon servit à la fois toutes les branches de l'industrie, en refusant au père qui n'aurait pas fait apprendre

* Solon s'adonna d'abord au commerce, et releva, par son industrie, la fortune délabrée de son illustre famille. Le plus habile ministre que la France ait possédé, Colbert, commença pareillement sa carrière par le négoce.

** L'intérêt légal établi pour arrêter les ravages de l'u-

à ses fils une utile profession, le droit d'exi-
ger qu'ils le soutinssent et le nourissent dans
ses vieux jours. On est père aux yeux de la
nature, en donnant l'être à ses enfants ; on ne
l'est aux yeux de la loi qu'en leur donnant les
moyens d'existence.

Athènes, bâtie sur un sol aride, eut besoin, par ses institutions *, de vaincre la na-

sure, avait été fixé, par Solon, à 12 pour cent par an !
C'était encore l'intérêt autorisé dans l'Inde britannique,
il y a peu d'années !

* Je crois devoir traduire ici les beaux passages de la
harangue où Périclès expose l'esprit de des institutions
et du gouvernement d'Athènes, sous les rapports du savoir, de l'industrie et de la félicité des citoyens.

« Je ne m'arrêterai point, dit ce grand orateur, à vous
faire le récit des exploits de vos ancêtres ; leurs hauts
faits sont présents à votre mémoire. Je veux montrer,
avant tout, par quelles institutions, par quels exercices
cette gloire nous fut acquise ; et par quel gouvernement,
par quelles mœurs s'est formée notre grandeur.

» Notre état social, fait pour servir de modèle, plutôt
que pour s'améliorer par l'exemple des lois de nos voisins, ne doit rien envier aux constitutions des autres
cités. Nous l'appelons gouvernement du peuple ; parce
qu'au lieu d'être créé pour l'intérêt du petit nombre, il
l'est pour le bien du grand nombre. Les lois, dans nos
différends privés, sont égales pour tous. La considération,
les honneurs sont donnés à la prééminence du mérite, à
la supériorité de la vertu, et non pas au privilége des

ture, afin de s'élever à ses hautes destinées. D'autres villes de l'Hellénie, plus heureusement situées, avaient eu moins de peine à conquérir leur opulence. Telles étaient Smyrne,

classes. La pauvreté, l'obscurité de la naissance ne font pas repousser le citoyen qui peut rendre un service à la patrie. C'est avec un principe libéral que nous administrons les intérêts publics. Faciles dans nos affaires privées, sévères dans l'observance de nos devoirs nationaux, retenus par le respect du magistrat, par la crainte des lois, de celles surtout qui protégent le faible et l'opprimé, nous révérons celles mêmes qui, sans être écrites, commandent par l'honneur et flétrissent par la honte.

» Grâces à la grandeur, à l'industrie de notre république, les produits de toutes les contrées sont importés sur nos rivages, et nous ne jouissons pas moins du labeur des autres peuples, que des fruits de notre propre travail.

» Notre ville est ouverte à tous les étrangers; nulle loi ne les empêche d'en goûter les plaisirs, le savoir, le bonheur. Rien n'est caché de nos mœurs et de nos arts, même à nos ennemis. Car ce n'est pas en des apprêts obscurs, en des ruses mystérieuses que nous mettons notre confiance; mais en notre énergie, mais en notre bravoure.

» Voilà ce qui rend notre cité digne d'être admirée. Nous cultivons nos esprits sans amollir nos courages; nous aimons la richesse, embellie par l'élégance, employée par la raison. Et quand l'occasion réclame notre

Éphèse, Halicarnasse et Milet, érigées sur les bords de l'Hellespont, dans les plus fertiles contrées. Telles étaient les cités maritimes de la riche Sicile, et de la Crète, et de Cypre, et de tout l'Archipel. Telles étaient Naples et Tarente dans la Grande-Grèce. Telle était surtout cette Corinthe qui fonda Corcyre et Syracuse, et qui, placée entre deux ports, recevait à la fois dans son sein, les trésors de deux mers différentes; cette Corinthe qui, dès le temps d'Homère, avait déjà le surnom d'opu-

appui, nous préférons l'offre de nos trésors, à l'étalage des discours. Chez nous, d'ailleurs, il n'est pas honteux d'avouer sa pauvreté; mais il l'est de ne point la combattre par le travail. Les mêmes citoyens savent unir le soin de leurs affaires domestiques à celui des affaires de l'état; et quant aux simples artisans, nul obstacle ne les empêche de prendre connaissance des intérêts publics. Seuls entre tous les peuples, nous ne regardons pas seulement ceux qui s'abstiennent des affaires nationales, comme inoccupés; mais comme destructeurs d'utilité.

» Pour tout dire en un mot, notre cité est l'école de la Grèce, et nos citoyens, aptes à tous les genres de travaux, y joignent le savoir à la grâce. Certes, que ces éloges ne soient pas une vaine jactance, c'est ce que nous démontre la vérité des faits. La puissance que l'État s'est acquise, manifeste l'excellence des moyens qui l'ont procurée. » (*Périclès : Éloge des guerriers morts pour la patrie; Histoire de Thucydides. Liv. II.*)

lente *, et qui l'a conservé jusqu'au dernier terme de son indépendance; cette Corinthe, si belle, que l'avoir visitée était compté, par l'étranger, au nombre des voyages fortunés qu'il n'est pas donné à tous les hommes d'accomplir dans leur vie!

Nommons enfin la cité des Rhodiens. Elle est à tel point chérie des autres peuples, qu'après un tremblement de terre qui avait abattu ses superbes édifices, les nations d'Afrique, d'Europe et d'Asie la comblent de présents et lui prodiguent les secours, pour l'aider à relever dans leur splendeur première les merveilles de ses arts, et surtout ses monuments commerciaux, utiles à l'industrie de toutes les contrées. Telle devient enfin la puissance de Rhodes, que les efforts et le génie du héros appelé le *conquérant des cités* **, échouent devant ses murs. L'airain préparé pour abattre des remparts inexpugnables, tombe au pouvoir des défenseurs. Il suffit pour composer ce colosse, entre les pieds duquel on voyait passer les

* Homère, en faisant le dénombrement de la flotte des Grecs qui virent au siége de Troie, dit:

Οἱ δὲ Μυκήνας εἶχον, εὐκτίμενον πτολίεθρον,
Ἀργεῖόν τε Κόρινθον,.....

** Démétrius *Poliorcètes.*

vaisseaux avec leurs voiles déployées; ce qui faisait l'admiration des peuples.

L'admiration du sage s'arrête aux lois que les Rhodiens rédigèrent pour la police et la sûreté des mers, pour les facilités et pour les garanties du commerce nautique. Ces lois, après avoir été reçues et proclamées tour à tour par les deux empires d'Occident et d'Orient *, par les républiques d'Italie et par la ligue Hanséatique, servent encore de fondement aux codes maritimes et commerciaux de tous les peuples civilisés.

Ah! sans doute, la Grèce n'aurait pas mérité d'être offerte en exemple aux âges à venir, si elle n'eût présenté que l'aspect d'une contrée où beaucoup d'or, acquis par tous les moyens, était le seul fruit du négoce. Elle fut illustre surtout par les grands pas qu'elle fit faire à l'esprit humain, par l'alliance fortunée des travaux utiles à l'état social, avec les plus nobles conceptions d'une philosophie

* Les lois rhodiennes furent insérées par Justinien dans le recueil des Pandectes. On adressait à l'empereur Antonin des plaintes contre les spoliateurs d'un bâtiment naufragé : « Je suis, sans doute, empereur de la terre, dit-il; mais la loi rhodienne est souveraine de la mer. C'est par elle et non par moi que votre cause doit être jugée. »

admirable dans l'appui qu'elle donnait à la pratique des vertus de la famille et de la cité *. Voilà l'œuvre des sages de la Grèce. Examinons surtout leurs conquêtes et leurs travaux dans les sciences et l'industrie.

* Je vais citer, à l'appui de cette assertion, un passage qu'on trouvera peut-être un peu trop hardi ; mais je prie le lecteur d'observer qu'il n'est pas de moi.

« Ce que fit la philosophie pour conserver l'état de la Grèce n'était pas croyable. Plus ces peuples étaient libres, plus il était nécessaire d'y établir, par de bonnes raisons, les règles des mœurs et celles de la société. Pythagore, Thalès, Anaxagore, Socrate, Archytas, Platon, Xénophon, Aristote et une infinité d'autres remplissent la Grèce de ces beaux préceptes. Il y eut des extravagants qui prirent le nom de philosophes ; mais ceux qui étaient suivis étaient ceux qui enseignaient à sacrifier l'intérêt particulier, et même la vie, à l'intérêt général et au salut de l'État ; et c'était la maxime la plus commune des philosophes, qu'il fallait ou se retirer des affaires publiques ou n'y regarder que le bien public.

» Les Grecs étaient instruits à se regarder et à regarder leur famille comme une partie d'un grand corps, qui était le corps de l'État. Les pères nourrissaient leurs enfants dans cet esprit, et les enfants apprenaient dès le berceau à regarder la patrie comme une mère commune, à qui ils appartenaient plus encore qu'à leurs parents. Le mot de civilité ne signifiait pas seulement, parmi les Grecs, la douceur et la déférence mutuelle qui rendait les hommes sociables : l'homme civil n'était autre chose

Voyageurs éclairés, ils demandèrent aux contrées où naquit la civilisation, les éléments des sciences que le commerce appelle à son secours. Pythagore apporta de la Phénicie, de l'Égypte et de la Chaldée, l'arithmétique, la géométrie et l'astronomie. Anaximandre apporta la gnomonique et la géographie; il apprit aux Grecs comment les anciens peuples de l'Asie, représentaient par des cartes gravées sur l'airain, la figure et les distances des pays, des cités et des mers *.

Vous savez, Messieurs, quel fruit les Grecs

qu'un bon citoyen qui se regarde toujours comme membre de l'État, qui se laisse conduire par les lois et conspire avec elles au bien public, sans rien entreprendre sur personne.

— » Les anciens rois de la Grèce avaient répandu cet esprit dans la nation. Ils furent tous populaires, non point en flattant le peuple, mais en procurant son bien et faisant régner la loi.. » (Discours pour l'éducation du Dauphin, sur l'*Histoire universelle.*)

Or, l'écrivain, entaché de *philosophisme*, qui ne craint pas de parler ainsi, à l'héritier de Louis xiv, c'est l'évêque de Meaux, c'est Bossuet. Reconnaissons à ce langage, l'âme du plus courageux défenseur qu'aient eu les libertés de l'église gallicane.

* Lorsque le grand roi envoyait ses nouveaux satrapes dans quelque gouvernement, il leur faisait remettre les cartes géographiques de leur satrapie et de tout l'empire.

ont retiré de ces premières connaissances. Mais un fait qui peut-être a moins frappé votre attention, c'est que les progrès ultérieurs de la science ont tous eu lieu dans les villes grecques fondées, agrandies, enrichies par le commerce. Dans Athènes, les élèves de Socrate, Zénon, Aristote et Platon, illustrant le Musée, le Portique et l'Académie; Archimède dans Syracuse; la nombreuse et brillante école d'Alexandrie, et celle de Milet; l'astronome Ptolémée, et les Asclépiades, Hippocrate surtout, étudiant la nature à Rhodes, à Cos, à Gnide; tels ont été les hommes, tels ont été les lieux auxquels sont dus les grands progrès des sciences morales et des sciences naturelles. Mais la plupart de ces villes ne furent pas illustres seulement par les connaissances précises de l'observation et du calcul; elles répandirent un aussi grand éclat par leurs succès dans les œuvres du goût et de l'imagination.

Sous les voiles transparents d'une allégorie ingénieuse, un peuple qui sut rendre sensibles et personnifier en quelque sorte d'abstraites vérités et des observations profondes, fit à la fois, de l'emblème du commerce, le sceptre de l'éloquence et le symbole de la paix. Parce que l'éloquence, éclairant les mortels sur leurs mutuels intérêts, pouvait seule les arracher aux horreurs d'un état de guerre naturel à la vie sauvage, et leur faire aimer, par la peinture d'une existence plus heureuse, les travaux fructueux et les paisibles échanges de la civilisation. Aussi, d'après les fictions de la même mythologie, c'est le dieu du caducée qui, messager des immortels, apporta sur la terre, avec les dons du commerce, tous les bienfaits de la vie sociale*. Il enseigna les moyens d'ajouter aux forces brutes de la nature, les forces intelligentes d'une adresse acquise dans l'adolescence par les jeux du gymnase, perfectionnée dans l'âge mûr par l'exercice des arts. Il civilisa les humains par le pouvoir de la parole, par la magie des chants harmonieux; il

* C'est ce qu'Horace nous rappelle dans sa belle ode au dieu du Commerce, Livre I, ode 10.

Mercuri, facunde nepos Atlantis,
Qui feros cultus hominum recentum
Voce formâsti catus, et decoræ
More palestræ!

Te canam, magni Jovis et deorum
Nuntium curvæque lyræ parentem,
Callidum, quidquid placuit, jocoso
Condere furto.

Tu pias lætis animas reponis
Sedibus, virgâque levem coerces
Aureâ turbam, superis deorum
Gratus et imis.

inventa la lyre ; et sa voix, comme une douce mélodie, descendait dans les cœurs, pour amollir la dureté des mœurs et tempérer la férocité des courages. Enfin, après avoir instruit et charmé les habitants de la terre, par les enseignements et les plaisirs de l'esprit et de l'imagination, il accueillait, au sortir de la vie, les âmes vertueuses, pour les guider dans les jardins de l'Élysée, sous les bosquets où les Orphée, les Homère et les Pindare, redisaient leurs concerts éternels, et pourtant d'une beauté toujours fraîche et toujours nouvelle.

C'est ainsi que les Grecs nous peignaient l'alliance du commerce avec les lettres et les arts. Cette alliance a fait l'ornement et la splendeur des siècles de Périclès et d'Alexandre, de même que des siècles de Louis XIV et des Médicis. Les plus beaux monuments de l'antique Hellénie, comme les monuments de l'Italie moderne, à Pise, à Gênes, à Venise, à Florence, ont dû leur naissance au commerce. Douterait-on d'une telle origine?......

Eh! qui donc, en donnant l'opulence à la Grèce, lui permit de produire ses magnifiques chefs-d'œuvre? Qui donc a cherché, transporté, donné le marbre, et l'or, et l'ivoire, et l'airain, pour représenter les modèles de la ma-

jesté, de la grâce, de l'élégance et de la grandeur, dans la Minerve d'Athènes, la Vénus de
Gnide, les Coursiers de Corinthe et l'Apollon de
Rhodes? Qui donc a bâti les cirques, les théâ-
tres, les temples de Syracuse, d'Agrigente et
d'Éphèse, de l'Attique, des Cyclades et du
Péloponèse? C'est le commerce. — Non, di-
rez-vous, c'est la victoire : pour Athènes du
moins. — Mais la victoire, quelles vertus l'ont
donnée? Les vertus laborieuses inspirées par
les lois de Solon, pour forcer tout un peuple
au travail et à l'industrie. — Quelles armes,
enfin, servirent d'instruments à la victoire?
— Les armes du commerce : ses vaisseaux,
ses marins, son audace et son expérience. Voilà
les vainqueurs de Salamine et de Mycale *.
Voilà les conquérants de la richesse des Perses.
Voilà les vrais producteurs des trésors consacrés par Athènes, aux dieux périssables de la
Grèce, sous les formes immortelles enfantées
par les beaux-arts.

Arrêtons nos regards sur la lutte à jamais
mémorable qui s'établit entre la Grèce et l'O-
rient, dès l'époque où les Perses, poursuivant
le cours de leurs conquêtes, parvinrent aux
confins des cités grecques bâties sur la côte oc-

* Voyez les Observations, page 277.

cidentale de l'Asie. Ces villes, attaquées par des forces supérieures, furent tour à tour contraintes de plier sous le joug; excepté, toutefois, Théos et Phocée, dont les peuples préférèrent l'exil à l'esclavage *.

* Les Phocéens, habiles navigateurs et commerçants pleins d'entreprise, s'adonnaient avec succès au trafic lointain, de la Corse, de la Gaule et des Espagnes. Ils osaient même étendre leurs expéditions au delà des colonnes d'Hercule. Ils employaient à ces voyages des navires de cinquante rames; ce qui montre un grand avancement dans leur architecture navale, ainsi qu'un négoce assez opulent pour couvrir les frais d'armements aussi dispendieux. Les Phocéens, attaqués par les Perses et contraints, après une défense opiniâtre, de rendre leur ville, exigent un jour de trêve avant d'ouvrir leurs portes au vainqueur. Ils en profitent pour s'embarquer avec leurs familles et leurs biens transportables. A l'exemple de Tyr, ils tentent de s'établir dans une petite île avoisinante. Mais, contrariés dans leur dessein, ils se remettent en mer; et, précipitant dans les flots une pierre pesante, ils jurent de ne pas retourner vers leur terre natale, avant que ce rocher ne revienne de lui-même à la surface des eaux. Ils abordent en Corse d'où les Carthaginois les écartent bientôt. Enfin ils débarquent sur les rives de la Gaule. Ils y fondent Massilie qui, depuis cette époque, n'a jamais cessé d'être célèbre par son commerce, et qui le fut long-temps par ses écoles. Massilie mérita ce bel éloge que lui donna Tacite, parce qu'elle eut la gloire de former au savoir et à la vertu le

Après avoir chassé les Phocéens, et relégué les Tyriens dans une ile, les Perses devinrent maîtres du littoral entier de l'Asie mineure. Ils avaient asservi l'Égypte, et leur empire formait un immense croissant qui cernait l'Archipel et la Grèce, des deux côtés de l'Orient et du Midi. Les Perses voyaient avec envie un peuple libre, insulter par son bonheur et par sa renommée, à leur honteuse et pénible servitude. Ils s'indignaient que, d'un coin de l'Europe, une poignée d'hommes laborieux dédaignât leur puissance et méprisât leur joug. Ils apprennent, à Marathon, la valeur de ces enfants du travail et de la vertu.... L'Asie entière s'ébranle pour dompter les vainqueurs par de plus grands efforts. Toutes ses forces sont portées sur les navires de l'Égypte, de la Phénicie,

sage Agricola : *Arcebat eum (Agricolam) ab inlecebris peccantium, præter ipsius bonam integramque naturam quòd statim parvulus sedem ac magistram studiorum Massiliam habuerit, locum Græcâ comitate et provinciali parcimoniâ mixtum, ac bene compositum.* Tacit., Vit. Agric.

En parlant de la cité surnommée l'*Athenopolis Massiliorum*, l'Athènes Marseillaise, Cicéron dit : *neque verò te, Massilia, prætereo, cujus ego civitatis, disciplinam non solùm Græciæ, haud scio an cunctis gentibus anteponendam jure dicam,.... ut omnes ejus instituta laudari facilius quàm æmulari.* Cic. pro Valer. Flacco.

de la Carie, de la Lydie, et des vastes provinces riveraines du Bosphore et de l'Euxin. Déjà les troupes débarquées inondent à la fois la Thessalie, la Thrace et la Béotie : les voilà devant Athènes, cette ville qui put choisir entre sa perte inévitable et l'empire de la Grèce, à la seule condition d'en rendre hommage au souverain de cent peuples puissants! La cité de Minerve et de Neptune accepte la perte de ses murs et de son territoire *. Elle rassemble les navires de ses flottes militaires et marchandes, dernier espoir de son courage; embarque à l'exemple de Tyr, de Théos et de Phocée, ses femmes, ses enfants et ses dieux domestiques; les conduit dans un asyle où ils puissent rester en sûreté. Alors, l'adolescent, l'homme fait et le vieillard remontent sur leurs vaisseaux, et trois générations d'un même peuple vont chercher dans les périls de la mer, une gloire si belle, que tous les hommes éloquents l'ont voulu célébrer. Mais aucun n'a pu dignement la célébrer encore : tant cette gloire

* Εὑρίσκει γὰρ, καὶ ἀκόυει, ὁ Φίλιππος, τοὺς μὲν ὑμετέρους προγόνους, ἐξὸν αὐτοῖς τῶν λοιπῶν ἄρχειν Ἑλλήνων, ὥςε αὐτοὺς ὑπακόυειν βασιλεῖ, οὐ μόνον οὐκ ἀνασχομένους τὸν λόγον τοῦτον, ἡνίκ' ἦλθεν Ἀλέξανδρος, ὁ τούτων πρόγονος, περὶ τούτων κήρυξ, ἀλλὰ καὶ τὴν πόλιν ἐκλιπεῖν προελομένους, καὶ παθεῖν ὁτιοῦν ὑπομείναντας, καὶ μετὰ ταῦτα πράξαντας, ταῦθ', ἃ πάντες μὲν ἀεὶ

surpasse l'éloquence des hommes! Ainsi la jugeait Démosthènes. Il s'excusait de ne pouvoir élever ses paroles et ses pensées, à la sublimité d'aussi grandes actions **......

Eh! quel besoin de rappeler au souvenir des Grecs et de tout peuple policé, les hauts faits des Thémistocle, des Aristide et des Cimon? Qui de vous n'en a gardé la mémoire? Qui de vous, dès son enfance, n'a senti son sein palpiter, au récit de ces exploits héroïques? Qui de nous peut songer, sans être ravi d'enthousiasme ou pénétré de douleur, à ces lieux autrefois si fortunés, aujourd'hui si malheureux, et toujours si dignes de notre généreux intérêt?

Mer Ionienne! Rivages dont la célébrité naquit avec la renommée d'Homère, j'ai parcouru vos plaines, à l'ombre des drapeaux triomphateurs arborés par ma patrie. A votre aspect, j'ai senti dans mon cœur se ranimer, avec une force nouvelle, cet amour de toutes les illustrations du travail et du génie, dont les souvenirs impérissables embelliront toujours votre terre et vos flots. Une secrète voix retentissait au fond de mon âme, comme aussi dans l'âme des enfants de la Grèce. Et quand j'osai, dans

γλίχονται, λέγειν, ἀξίως δ' εἰπεῖν οὐδεὶς δεδύνηται.** Διόπερ κἀγὼ παραλείψω δικαίως· ἔςι γὰρ μείζω τ' ἀκείνων ἔργα, ἢ τις τῷ λόγῳ τις ἂν εἴποι.... ΔΗΜΟΣΘΕΝΟΥΣ, κατὰ Φιλίππου, B.

leurs modernes Panégyries, leur rappeler l'exemple de les ancêtres, tous les cœurs, tous les vœux, toutes leurs espérances, juraient déjà, dans le secret de l'amitié, de s'y montrer fidèles. Nobles enfants de Parga *, de

* L'Europe entière a retenti de la chute d'une modeste ville de l'Épire : tant la magnanimité d'un peuple, quelle que soit la faiblesse du nombre, est digne d'attirer l'attention et de commander l'admiration du monde. Une foule d'écrivains généreux ont élevé leur voix en faveur de l'infortunée Parga. En Angleterre même, le colonel de Bosset, et le chevalier Foscolo dont la Grèce et l'Italie se partagent la naissance et la célébrité, en France, M. Amaury-Duval et M. Viennet ont appelé l'attention publique et gagné tous les cœurs généreux, en faveur d'un peuple persécuté. Je ne puis me refuser au plaisir de citer ici l'un des plus beaux passages du poëme de M. Viennet, sur Parga.

> Ah ! ce flambeau des arts, dont la vive lumière
>   Resplendit sur votre horizon,
> Vous l'avez rallumé sur la tombe d'Homère
>   Et d'Euripide et de Platon.
> Vous chantez nos aïeux, vous admirez leur gloire.
>   De leurs vertus, de leurs exploits,
> Sur le marbre et l'airain vous gravez la mémoire.
> Vous devez à la Grèce et vos arts et vos lois ;
>   D'un pied religieux vous parcourez ses villes ;
> Vous faites retentir l'écho des Thermopyles
>   Du grand nom de Léonidas.
> Dans les murs dégradés de la superbe Athènes,
>   Vous cherchez les palais ornés par Phidias,
>   Et la tribune où régnait Démosthènes,

Souly, de l'Archipel et du Péloponése, vous êtes en effet fidèles à vos promesses, et moi je le suis à mes vœux pour votre gloire et pour votre bonheur.

Pour votre bonheur ! Hélas qu'est devenue, depuis vingt siècles, la fortune, ainsi que la puissance et la civilisation de l'Hellénie? Pourquoi faut-il qu'en atteignant au faîte de la prospérité les peuples touchent de si près au premier terme de la décadence! La généreuse fierté d'un triomphe légitime, dégénère, et devient l'insolence de la victoire. D'abord on ne

> Les débris de la Grèce en deuil
> Décorent vos cités, embellissent vos temples;
> Vous imitez avec orgueil
> Ses monuments et ses exemples....
> Et des Grecs opprimés vous détournez les yeux!
> Et vous souffrez, ingrats, qu'ignorant leurs aïeux,
> Ils rampent dans les fers d'un vainqueur plus barbare
> Que le Vandale et le Bulgare
> Dont vous avez flétri les noms injurieux!
> *Une ville restait :* vos serments tutélaires
> Soutenaient de Parga les destins chancelants.
> Aux pieds du même Dieu nous portons nos prières.
> Parga vous a commis les jours de ses enfants;
> Ils sont vos alliés, vos pupilles, vos frères;
> Et vous les vendez aux tyrans
> Dont il ont bravé si long-temps
> Le culte sacrilége et les mains sanguinaires!...

(Invocation des chefs de Parga, aux émissaires
du Proconsul de Corcyre.)

voulait que repousser un agresseur inique; est-il défait, une force irrésistible entraine les défenseurs à poursuivre l'assaillant dans ses propres foyers. Le démon de la conquête et de la spoliation excite dans les cœurs une cupidité de trésors et de contrées, prix du sang et des combats. Il paraît plus noble et plus beau d'extorquer du vaincu le fruit de son labeur, que de continuer soi-même à travailler pour produire. On devient à la fois avare et fainéant, oisif et superbe; on désapprend à supporter la douleur et les privations, à vivre de sacrifices, à mériter les retours de la fortune en sachant endurer les revers avec constance. Bientôt paraît quelque autre peuple qui, dans la force de sa virilité, ne demande que des fatigues, et ne chérit que des périls. Il triomphe à son tour du premier triomphateur : en attendant que, lui-même, il succombe, sous le faix de sa prospérité. Telle est la trop fidèle image de l'élévation et de la décadence de tant de peuples qui, tour à tour, ont dominé sur la terre et perdu leur domination, par les effets d'une même énergie et d'un même énervement.

Mais un peuple du moins a marqué les jours de son triomphe, par de nobles travaux et d'utiles entreprises; nous dirons les cités, les écoles et les musées, les canaux, les routes et les ports qu'il a créés pour les états soumis à la force de ses armes. Les conquêtes de ce peuple magnanime ont produit sur le commerce et sur les idées du monde, une révolution qui a développé l'industrie, accru le savoir, changé les mœurs, réveillé le génie et retrempé la grandeur d'âme d'une foule de nations. Ainsi la civilisation ferme les plaies de la conquête, quand les vainqueurs, en gouvernant les vaincus, se montrent les amis éclairés et les bienfaiteurs de l'esprit humain. Tels nous avons été *. Tels ont été les Grecs. Les trésors de la

* Oui, vous aimiez les arts et la civilisation, guerriers français qui protégiez, à l'ombre de vos drapeaux, l'Institut d'Égypte et l'Académie ionienne; vous qui rendiez aux Grecs et des couronnes et des prix Olympiques; vous qui dressiez, dans Mantoue, un monument à Virgile; vous qui, rangés au pied des Pyramides, pour soutenir le choc d'innombrables barbares, combattiez, animés par la pensée du Génie des siècles, déroulant devant vous quatre mille ans de travaux et de hauts faits, et vous demandant d'ajouter à ses fastes, une page de plus pour l'immortalité! Vous, enfin, qui près des confins du désert, en découvrant le temple de Denderah, debout encore, sur une route jalonnée seulement par les ruines de Cambyse et d'Omar, saisis tout à coup d'une joie magnanime et d'un entraînement héroïque, oubliant les fatigues, et la faim, et la soif, et le poids de la chaleur, élevâtes dans les airs vos casques et vos épées, comme

gloire et les présents des muses ont eu plus de prix à leurs yeux, que l'or et l'argent des vaincus.

— Des prisonniers, trop nombreux pour être rachetés par leur patrie, vont languir dans la captivité. Mais leur voix fait entendre au peuple de Syracuse, la poésie ravissante de Sophocle et d'Euripide. Aussitôt on détache leurs fers; et les chants du génie sont la rançon de la vaillance trahie par la fortune.

Alexandre qui, même en ses plus grandes fureurs, respecta la maison de Pindare et la postérité du chantre des Héros, Alexandre fait recueillir pour son maître Aristote et pour les siècles à venir, les plus rares produits de la nature, dans toutes les contrées qu'il soumet aux champs de Monténotte, d'Arcole et de Lodi; puis l'instant d'après, d'un mouvement unanime, fîtes retentir les airs de vos applaudissements et des bravos de votre enthousiasme, à la vue d'un chef-d'œuvre des Pharaons, comme à la vue des chefs-d'œuvre de Corneille ou de Voltaire!

Soldats d'Alexandre, vous avez aussi parcouru la vallée de l'Égypte; cependant, votre âme tout éprise du grand et du beau, ne s'est pas élevée jusqu'à payer aux monuments qui signalent l'antiquité des nations, un hommage digne de vivre aussi long-temps que ces monuments mêmes, et que la renommée de votre héroïsme. Vous avez laissé cette gloire aux enfants de la France.

à son pouvoir. Il exige des savants de la Chaldée ; qu'ils lui confient le trésor de leurs observations ; et l'expérience de vingt siècles, enfouie jusqu'alors dans une tour de Babylone, est offerte par les Grecs à toutes les nations.

Le vainqueur fait dresser les itinéraires et mesurer par les plus habiles artistes, les directions et les distances de ses marches et des marches de ses lieutenants : cela suffit pour décrire l'Orient. Le conquérant saisit avec grandeur les routes qu'avait prises le commerce de l'univers, et celles qu'il pourrait prendre. Il fait explorer par ses navigateurs, et les rives alors imparfaitement étudiées, et les rives encore tout-à-fait inconnues *. Il crée deux ports qui deviennent les clefs du trafic de l'ancien monde ; l'un près des bords de l'Océan, à l'embouchure de l'Indus ** ; l'autre sur les bords de la Méditerranée, près des bouches du

* Néarque, lieutenant d'Alexandre, fit sur la côte d'Arabie, dans toute la longueur du golfe Persique, un voyage de découvertes. Alexandre ordonna, de plus, la reconnaissance des côtes océaniques ; depuis l'entrée de ce golfe jusqu'au fond de la mer Érythrée.

** Pattala, au point où se divisent les bras du fleuve pour former un Delta semblable à celui du Nil. (*Voyez Arrien.*) C'est vers le même lieu que les Anglais ont établi le

Nil *. A sa voix, soixante et dix villes s'élèvent dans les lieux les plus propices au commerce, et sur les côtes et dans l'intérieur des
continents subjugués. Les barrages nombreux,
par lesquels était interceptée la vaste navigation du Tigre et de l'Euphrate **, sont abattus

siége d'une des grandes Présidences de leur empire de
l'Inde.

* Alexandrie : cette ville fut fondée sur une plage ap-
pelée Racotis. Les anciens rois d'Égypte y tenaient une
garnison pour défendre sur ce point l'entrée du pays aux
étrangers, et surtout aux Grecs. (*Pline*, liv. 5, chap. 10;
Strabon., liv. 17.) Cette observation appartient à l'auteur de l'*Esprit des lois*.

** Montesquieu n'a pas manqué de remarquer l'espèce
d'aversion que les Perses avaient pour le négoce et la
navigation. « Les Perses, dit-il, n'étaient pas de grands
navigateurs, et leur religion même leur ôtait toute idée
de commerce maritime. « *Esprit des lois, Livre XXI,
chapitre 7. Du commerce des Grecs et de celui de l'Égypte,
après la conquête d'Alexandre.* Le même auteur ajoute,
dans une note : « Pour ne point souiller les éléments,
les Perses ne naviguaient pas sur les fleuves. (M. Hidde,
Religion des Perses.) Encore aujourd'hui ils ne font point
de commerce maritime, et ils traitent d'athées ceux qui
vont sur mer. »

Hérodote rapporte (Livre IV, chapitre 43) que Xerxès
voulant châtier les crimes d'un de ses satrapes, lui pres-
crivit, comme punition, de faire un voyage de découvertes autour de l'Afrique. Le satrape partit des rives du

par son ordre; un grand port est creusé dans l'enceinte de Babylone, pour servir de centre et de dépôt aux communications intérieures de l'Asie *. Afin d'établir également, en Afrique, des communications militaires et commerciales, une route s'étendra des bords du Nil aux Colonnes d'Hercule, côtoiera la chaîne de l'Atlas et bordera l'immense littoral de la Méditerra-

Nil et passa les colonnes d'Hercule, mais rebroussa chemin lorsqu'il était presque au milieu de son voyage. A son retour, pour le punir d'avoir si mal réussi, Xerxès le fit crucifier. Voilà quelles idées les despotes de la Perse se faisaient des voyages de découvertes. Il faut convenir que les voyages des Cook et des Bougainville, des Vancouver et des Freycinet ont été faits sous d'autres auspices, avec d'autres motifs et un tout autre succès.

* Alexandre fit transporter par terre une flotte considérable, depuis les ports de Phénicie, jusqu'aux rives de l'Euphrate, d'où elle descendit à Babylone. Par le secours de cette flotte, il pouvait transporter ses forces militaires dans toutes les provinces arrosées par les grands fleuves qu'il avait rendus à la navigation. Voilà les moyens qui seuls pouvaient suffire à tenir dans la sujétion, des contrées si vastes et conquises avec tant de rapidité. C'est à de semblables causes, et non pas, comme l'ont assuré des historiens superficiels, aux bons procédés et aux *manières* d'Alexandre, que la domination des Grecs dans l'Orient a dû sa stabilité, plus étonnante encore que son établissement.

née; et Carthage sera conquise, pour ne pas
interrompre la route. Mais ces derniers desseins
ne furent que conçus : quelques années man-
quèrent à leur exécution.

Par ses travaux, Alexandre avait jeté d'une
main si prompte et si sûre, les fondements
d'une prospérité durable pour les peuples conquis, que sa mort prématurée, ni le morcelle-
ment de son empire, ni les querelles acharnées
de ses lieutenants, ne purent empêcher ses
institutions d'accomplir leurs effets. Le mouvement immense qu'il avait imprimé, lui survit;
et ses héritiers, en dépit de leurs discords,
achèvent ses desseins. Des villes nouvelles et
florissantes continuent de s'élever dans l'Orient.
Séleucie, Antioche et Ptolémaïde, attestent les
travaux et consacrent les noms des capitaines
de son armée. Nicée, la ville de la victoire, est
fondée dans l'Asie. Héroopolis, la ville des
Héros, est bâtie non loin des bords de la mer
Érythrée. A partir de cette ville, l'isthme qui
réunit l'Afrique et l'Asie, est coupé par un
large canal; l'Océan communique à la Méditerranée, et les produits de l'industrie peuvent
être transportés sur les eaux, des extrêmes rivages de l'Occident aux rivages extrêmes de
l'Orient.

Le premier des Séleucus étend le commerce

de l'Orient, à des contrées qui jusqu'alors na'-
vaient point joui d'un tel bienfait. Supérieur
dans ses vues comme dans ses exploits, il conçoit la pensée d'unir à la mer Caspienne, le
Bosphore Cimmérien : projet qu'après vingt
siècles Pierre-le-grand put seul réaliser.

Le premier des Ptolémées invite au négoce,
à la navigation, ses nouveaux sujets, éloignés
jusqu'alors de tout commerce extérieur, par
des idées superstitieuses *. Il les attire au
sein d'Alexandrie. Il érige à l'entrée de ce port,
sur l'île de Pharos, un monument que les peuples anciens ont mis au rang de leurs sept merveilles, pour sa beauté, sa grandeur et surtout
pour son utilité.

Le navigateur qui, durant les ténèbres,
fuyait l'abord d'une côte semée d'écueils et féconde en naufrages, voit briller une clarté tutélaire vers laquelle il peut en sûreté, diriger
son gouvernail et déployer ses voiles. Il se demande, en admirant ce bienfait, quel génie

* Les Égyptiens ne permirent que fort tard aux autres
peuples, de commercer avec eux. Ils avaient désigné le
port de Naucratis comme le seul où les étrangers pussent
être admis. C'est ainsi que les Chinois n'admettent les
navigateurs européens que dans le seul port de Canton,
et les commerçants par Caravane, que dans Kiachta,
ville frontière de la Russie.

ami des hommes vient d'allumer, au sein des nuits, le flambeau de la mer?.. C'est le génie de la Grèce.

Ptolémée, par des clartés matérielles, dirige ainsi vers le port, les nautoniers qui visitent les rives de l'Égypte. Par des clartés morales, son successeur dirige l'ancien peuple des Pharaons, sur les routes du savoir et de la vérité. Cambyse, avec la férocité d'un barbare, avait profané, dépouillé, incendié les temples de l'Égypte; il avait, sans distinction, accablé des mêmes fléaux et le peuple et ses pontifes idolâtres. Ptolémée Philadelphe, tolérant envers un peuple abusé, fit à des prêtres imposteurs, un mal plus grand encore : il bâtit la bibliothèque d'Alexandrie. Il fonda le musée. C'est là qu'on vit, plus tard, septante sages expliquer aux nations une théogonie pure et majestueuse. Bientôt après, la divinité d'Apis quitte le sanctuaire et retourne à l'étable. Le crocodile, le chien, le serpent, les animaux immondes et tous les dieux embaumés, sont relégués du mausolée dans la voirie : leur panthéon n'est plus. Aux clartés du savoir, les superstitions déshonorantes rentrent dans le néant, et l'homme est relevé jusqu'à la majesté du premier des êtres de la création vivante.

Il faut ici nous borner à rappeler des bienfaits d'un ordre moins sublime. Au sein du musée d'Alexandrie, l'art d'observer les astres, si utile au commerce par les services qu'il rend à la navigation, fût dignement cultivé. Cet art et toutes les autres branches de la philosophie naturelle, ont fait, du temps des Ptolémées, les progrès les plus rapides. Ce fut alors qu'on vit paraître Aristille et Timocharis qui, les premiers, entreprirent de déterminer les positions des étoiles visibles sur notre hémisphère; Aristarque de Samos qui, par des moyens ingénieux, approcha de l'exacte mesure des grandeurs et des distances de la lune et du soleil, en reculant ainsi les bornes supposées de notre système planétaire; Euclide, le géomètre le plus classique; Hipparque, l'astronome le plus habile de toute l'antiquité, le créateur de la géographie mathématique et de la trigonométrie sphérique; Dicéarque, savant qui suivit Pythéas dans son voyage de découvertes, au delà des colonnes d'Hercule; Ératosthènes qui devina, par la théorie de la sphère, la circonnavigation du globe, et l'arrivée aux côtes orientales de l'Asie, en partant d'Europe et faisant toujours voile vers l'occident. Enfin, tant d'autres hommes qui marchèrent à si grands pas, sur la route des sciences exactes et des sciences naturelles.

Nous voici parvenus à l'époque la plus remarquable dans l'histoire du savoir et de l'industrie des peuples de l'antiquité. Le commerce et la civilisation faisaient alors les plus rapides progrès dans l'Orient. La langue grecque était parlée sur presque tout le littoral de l'Asie mineure, de l'Égypte et du Pont-Euxin; sur les côtes méditerranées de l'Afrique, jusqu'à Cyrénaïque; sur les rivages de l'Adriatique, du sud de l'Italie, de la Sicile et de la Gaule; sur les bords de la mer Rouge et du golfe Persique; enfin jusqu'aux rives de l'Indus. La langue grecque était, en même temps, pour toutes les nations, la langue du négoce, et des sciences, et des lettres, et des beaux-arts. Les progrès de l'esprit humain chez un des peuples où cette langue était connue, s'étendaient rapidement chez tous les autres peuples où s'était répandu l'idiome des conquérants navigateurs et commerçants.

Vers le même temps, Carthage avait atteint le faîte de la prospérité. Ses monuments d'utilité publique étaient l'admiration des peuples étrangers. Les Grecs avaient appris d'elle, à creuser dans le sein de la terre, ces ports artificiels *, qu'elle savait revêtir de murailles

* Les Grecs appelaient ces ports ou bassins κοθων,

indestructibles. Les vaisseaux, sans craindre les agitations de la mer, y pouvaient entrer à toute heure, charger et décharger leurs trésors ; puis en sortir avec une égale facilité, pour suivre le cours de navigations nouvelles.

Quelques peintures trouvées sur des voûtes souterraines, quelques médailles échappées aux vicissitudes des siècles suffisent pour nous montrer jusqu'où parvint la perfection des beaux-arts, dans la cité qui mérita que le burin de Virgile gravât pour l'immortalité ses premiers monuments et ses premiers tableaux.

Par un effet de cette haine inexorable que conçut pour Carthage, le peuple qui la fit disparaître du rang des nations, il semble que le nom de cette cité fameuse ne rappelle à notre imagination prévenue, qu'une ignorance barbare, une sordide avarice, la foi punique, et les cruautés africaines. Cependant Carthage ne fut jamais en guerre avec les cités commerçantes qui devaient être ses plus redoutables antagonistes. Jamais Athènes, Corinthe, Alexandrie, ne furent attaquées par ses armes. Tyr elle-même, dont la marine était surtout à craindre pour Carthage ; Tyr ne cessa jamais

cothōn, nom qu'ils ont tiré de la langue des Carthaginois, ainsi que l'invention rappelée par ce nom. (*Voyez* les annotations de Servius sur l'Énéide, liv. I, vers 451.)

d'être avec elle dans l'étroite alliance d'une mère avec sa fille. Lorsque l'ambitieux Cambyse voulut combattre et dompter les Carthaginois, avec la marine phénicienne à laquelle il commandait, les Tyriens refusèrent d'exécuter un tel ordre, en disant : « Ce serait un crime odieux, dans une mère-patrie, d'aller attaquer sa propre colonie, pour lui ravir la liberté. » Peuples de l'Europe, qui vous vantez de vos vertus modernes, quelle mère-patrie s'est refusée parmi vous, à porter le feu et la flamme dans les champs et les cités des colonies qui lui doivent la naissance, aussitôt qu'elle a pensé pouvoir le faire impunément, et retirer par-là quelque infâme bénéfice? — Washington, Haïty, Colombie, répondez par vos tombeaux et vos ruines...

Carthage a su justifier l'amour que lui portait sa métropole. On l'a vue accueillir avec reconnaissance les femmes et les enfants des Tyriens assiégés par les Grecs, et résolus de s'ensevelir sous les débris de leurs remparts. Après la mort d'Alexandre, on la voit s'empresser de renvoyer, sur ses vaisseaux, les restes infortunés d'une population qui bientôt va relever, du sein des flots, le trône où s'était assise la reine de la mer : telle fut la jalousie mercantile de Carthage.

Et voici quelle fut son influence sur la prospérité des peuples de l'ancien monde. Elle a peuplé les rivages de l'Afrique et des Espagnes, bien au delà des colonnes d'Hercule. Le géographe Strabon portait jusqu'à trois cents, le nombre des établissements qu'elle avait formés sur les seules côtes de la Nigritie. Elle propageait la civilisation et développait l'industrie, dans les vastes contrées qui sont au sud des montagnes d'Atlas. Elle faisait avec les peuples sauvages un trafic paisible *, et par

* On trouve dans l'histoire d'Hérodote, un récit plein d'intérêt, sur ce genre de commerce. (Liv. IV, c. 196) Lorsque les navires carthaginois abordent à la côte habitée par les peuples sauvages de l'Afrique, ils débarquent leurs marchandises et les rangent sur la plage, puis ils retournent à bord; ils annoncent leur arrivée en allumant un feu dont la fumée puisse se voir au loin. Les Africains viennent au rivage, posent à terre l'or et les produits qu'ils veulent donner en échange de la cargaison carthaginoise, puis s'éloignent un peu de cet endroit. Les Carthaginois débarquent; ils examinent l'or qu'on leur offre : s'ils le jugent en quantité suffisante, ils l'emportent avec les produits africains : sinon, ils retournent à bord sans rien emporter. Alors, les natifs ajoutent à cet or, et les Carthaginois reviennent. Ces mouvements muets continuent jusqu'à ce que le vendeur, satisfait, emporte le prix offert par l'acheteur. D'aucun côté, dit Hérodote en racontant ces opérations, on ne fait à l'autre ni dommage ni injure, et les Africains ne

conséquent d'un mutuel avantage. Cependant, elle fut injuste et spoliatrice, il faut l'avouer, chez les peuples qu'elle asservit par la force des armes : pour imiter les Romains ou pour leur résister.

Après vous avoir montré les progrès du commerce de l'ancien monde, il faudrait vous peindre maintenant cette puissance romaine, abattant, d'une pareille ardeur, les peuples les plus avancés dans la civilisation, et les plus reculés ; partout détruisant ou du moins saccageant les cités qu'illustre le commerce ; et leur ravissant plus encore que la richesse, la liberté qui les avait fait riches. Syracuse, la digne fille de Corinthe et l'émule d'Alexandrie, Syracuse que le génie d'un géomètre rend imprenable par force, prise par trahison et livrée au pillage. Par degrés, la Sicile toute entière condamnée au proconsulat des Verrès. Le commerce anéanti dans cette contrée qu'il avait fait fleurir ; la science oubliée ; et le tombeau d'Archimède retrouvé par hasard, sous des buissons d'épine, au temps de Cicéron. Corinthe subissant le sort de Syracuse. Sur les débris de ses superbes édifices, les pein-

se permettent pas de toucher aux marchandises des Carthaginois, avant que ceux-ci ne fassent voir qu'ils acceptent le prix proposé.

tures de Zeuxis et d'Apelles servant de table au vainqueur, pour jouer aux dés le butin qu'a fourni le sac de la cité. D'admirables statues embarquées par Mummius, sous les conditions usitées pour un nolis de marchandises, ou de chevaux, ou de vaincus! c'est-à-dire à la charge au patron du navire, en cas de perte ou d'avarie, de remplacer (tête pour tête) les chefs-d'œuvre des Phidias, des Alcamène, des Praxitèle! Athènes assiégée par Sylla, forcée par la famine d'implorer ce barbare qui lui répond : « Je ne viens pas ici comme ami du savoir, mais pour anéantir les adversaires de Rome.* » Et Sylla tient parole. Le sang dont il remplit les rues d'Athènes regorge par les portes des remparts, et se répand à flots dans les faubourgs. Plutarque même, qui met au rang de ses Hommes Illustres l'auteur de ces forfaits, est celui qui nous les révèle. Mais déjà l'incendie succède au carnage. C'en est fait! les vaisseaux, les magasins, les fabriques admirables, ornement et richesse du Pyrée, disparaissent dévorés par les torches de Sylla.

Après ces exploits du précurseur de Catilina, vous citerai-je Cypre qu'avait enrichie

* Cette réponse est tirée mot à mot de Plutarque : Ἐγὼ γὰρ οὐ φιλομαθὴς ὢν εἰς Ἀθήνας ὑπὸ Ῥωμαίων ἐπέμφθην, ἀλλὰ τοὺς ἀφισταμένους καταστρεψόμενος. ΠΛΟΥΤΑΡΧΟΥ ΣΥΛΛΑΣ.

lecommerce, confisquée en pleine paix, par un décret émané du Capitole; et Porcius Caton, le modèle de la vertu romaine, choisi pour confiscateur?... Dirai-je les citoyens d'une cité belgique dont le négoce était la force et la richesse, attaqués par César, le héros de la clémence, leur flotte détruite, leur sénat mis à mort *, et le peuple couronné de fleurs par la main des conquérants, pour être, suivant l'usage, vendu, à la criée, sous la lance de l'esclavage!

Qui le croirait! ces ruines du Pyrée, d'Athènes, de Corinthe, et de tant d'autres villes naguère opulentes et glorieuses, ces ruines que les Romains, dans la langue de la dévastation, n'appellent plus que *le cadavre des cités*, au lieu de faire naître le remords et la douleur dans l'âme des conquérants, leur offraient, pour la perte de leurs enfants ou de leur pouvoir, je ne sais quelle effrayante consolation **! Marius la savourait à Carthage.

Il avait fallu qu'une cité si puissante fût ef-

---

* *Se (Veneti) suaq. omnia Cæsari dederunt. In quos eò graviùs Cæsar vindicandum statuit, quò diligentiùs in reliquum tempus à barbaris jus legatorum conservaretur. Itaque omni senatu necato, reliquos sub coronâ vendidit.* (C. Jul. Cæsaris de bello gallico, lib. III.)

** Écoutons Servius Sulpicius essayant de calmer l'af-

facée du rang des nations, avant que Rome
osât attenter à l'indépendance des cités de la
Grèce, et porter à l'industrie, au commerce,
à la fortune des peuples, un coup irréparable.
A trois reprises différentes, les Romains s'effor-
cent d'abattre le grand obstacle qui s'oppose à
leur ambition. La première fois, sous prétexte
de soutenir des brigands *, qui, pour perpétuer
leur race dévastatrice, ayant ravi les femmes
d'une cité paisible, avaient droit à la protection
des descendants de Romulus et des Sabines. La
seconde fois, après seize ans de défaites et de
terreurs, les Romains, vainqueurs à leur tour,

......fliction que causait à l'orateur romain la perte de sa fille :
« O mon ami, je veux te peindre un spectacle qui m'a
fait éprouver *une grande consolation*, et qui peut-être
aura le même effet sur ta douleur. Quand je revins de
l'Asie, comme je naviguais vers la côte d'Athènes, j'ai
porté mes regards autour de moi ; j'ai vu Mégare en avant
de ma route, Égine en arrière, à ma droite le Pyrée, à
ma gauche Corinthe ; et ces quatre cités, autrefois si florissantes, je les ai vues désertes et démantelées. Ah ! faibles mortels que nous sommes, si quelqu'un des nôtres
périt avant le terme commun de notre courte existence,
nous osons accuser les destins ; et voilà qu'un seul endroit du monde nous montre, gisants dans la poussière,
les *cadavres* de tant d'illustres cités... »

* Les Mammertins, c'est-à-dire, les petits-enfants de
Mars.

enlèvent à Carthage les navires instruments de sa puissance et de son industrie : mais ignorants dans l'art d'employer utilement ces vaisseaux qui portaient naguère la richesse et la prospérité, d'un bout à l'autre du monde, ils les brûlent au nombre de cinq cents *, à la vue du port de Carthage. Cependant, malgré ces pertes, malgré d'énormes tributs, la colonie phénicienne, fidèle aux arts de son industrieuse métropole, relève encore sa fortune. Le commerce lui rend une nouvelle fois la force et l'opulence. Soudain le cri de l'anéantissement « *Delenda est Carthago* » retentit dans l'enceinte du sénat devastateur; et la dernière de toutes les guerres puniques est décrétée par le peuple romain.

Que ne puis-je vous peindre l'héroïsme de Carthage, dans ses efforts pour sauver sa liberté mourante! Privée, par un lâche artifice, des débris de sa marine; ayant perdu son port, et réduite à l'enceinte de ses murailles, quelles ressources nouvelles sont créées, tout à coup, par son industrie et son patriotisme! Un nouveau port creusé dans la ville, pour y construire en secret une flotte enfantée comme par un prodige. Des matelots tirés de la classe

* XII, Tit. Liv.

indigente, et soldés avec les pierreries des femmes opulentes. Des vaisseaux construits avec la charpente des toits paternels, armés avec le fer et l'airain qu'ont fournis les foyers domestiques; enfin, pour cordages de leurs manœuvres, les belles chevelures des mères et des filles, offertes en sacrifice aux dieux protecteurs de la patrie. Quel charme dut alors rehausser vos sublimes attraits, quelle puissance nouvelle de plaire et d'entraîner dut naître de votre grande âme, illustres citoyennes, lorsqu'ainsi dépouillées pour la cause nationale, de vos joyaux, de vos voiles et de vos chevelures, vous offrites, sur les brèches de Carthage, votre martiale contenance, et la simplicité d'atours qui sied seule aux compagnes des héros! O femmes de Carthage, vous avez brillé sur la terre, pour montrer l'héroïsme de votre sexe, chez les peuples dont le commerce fit la splendeur et la puissance.

Carthage abattue, le reste des nations succomba sans résistance. Dès les premiers temps qui suivirent cette conquête universelle, le commerce du globe changea de face, et souffrit des maux incalculables. Qu'on se figure, au centre du monde asservi, une cité dont la population vorace s'élève bientôt jusqu'à trois millions de bouches ; entretenue dans l'oisiveté, dans le luxe, dans les plaisirs ; et recevant son pain, ainsi que ses spectacles, aux dépens des peuples vaincus ; la Sicile et l'Égypte insolemment appelées les greniers du peuple romain ; et l'Africain ne pouvant plus tuer les lions et les tigres qui dévorent ses serviteurs et ses troupeaux, parce que les tigres et les lions doivent vivre pour le cirque de Rome *. Alors, sans doute, les mers portaient encore des vaisseaux ; ils arrivaient aux bords du Tibre, chargés de tributs et de dépouilles, ils retournaient chargés de percepteurs et de spoliateurs. Les produits de l'univers venaient s'engloutir dans l'immense capitale qui renvoyait la mort en échange ; car pour donner la paix à ses provinces, elle y faisait la solitude. C'est Tacite qui nous l'apprend **.

Au milieu de tant de monstres qui parvinrent à s'emparer des rênes de l'empire, entre les Tibère, les Néron, les Caligula, les Héliogabale et les Domitien, quelques sages, formés à l'école de Socrate ou de Zénon, interrompaient le cours des calamités du monde, et suspendaient les malheurs de l'univers. Le

---

* Anderson's *Hist. of Commerce.*
** *Ubi solitudinem faciunt, pacem appellant.*

commerce ressentait les heureux effets de ces règnes fortunés. Néanmoins, la décadence des Romains, qui s'avançait par degrés de plus en plus rapides, replongeait bientôt après, dans la misère et dans le deuil, les nations industrieuses.

Mais déjà les peuples barbares, libres derrière les remparts de leurs forêts, croissent en nombre et en force; ils s'arment, ils vont descendre du nord et tomber sur le midi, pour y briser le joug romain.

Nous arrivons au terme où ce discours doit s'arrêter. Nous avons vu les sciences, les lettres et les arts, suivre les pas du commerce et fleurir avec lui. Nous avons vu les peuples commerçants, magnanimes dans le malheur, héroïques dans le danger, sauver leur indépendance par d'incroyables efforts; ou ne tomber du moins qu'en rendant leur chute immortelle. Gardons-nous donc de partager ces préjugés barbares qui font regarder le commerce comme étouffant chez les hommes leurs vertus nationales et privées.

Un peuple n'a que deux moyens de mêler ses intérêts aux intérêts des autres peuples : c'est par la guerre, pour apporter trop souvent des fléaux; ou par le commerce, pour apporter toujours des bienfaits. Or le commerce, qui,

sagement compris, répugne à d'injustes envahissements, a cela d'admirable qu'il donne
aux nations les moyens et le courage qui rendent héroïque la défense des foyers et des biens
domestiques, en même temps qu'il rend indispensable la jouissance plénière de tous les
avantages sociaux : le savoir, la paix, la liberté, la justice, et l'honneur décerné comme
récompense exclusive du talent, du travail et
de la vertu.

O mes concitoyens, aimons, protégeons,
faisons mieux, honorons le commerce, et bientôt nous verrons les pavillons français, flot-
tant sur toutes les mers, salués par tous les
peuples, accueillis dans tous les ports, y porter les présents de notre industrie et de notre
savoir, y laisser les souvenirs de notre civilisation, et revenir aux rivages de la patrie,
riches par les trésors des climats étrangers;
mais plus riches encore par la gloire d'avoir
étendu sur tous les points de la terre, la
connaissance, et par conséquent, la renommée du nom français.

Observations sur l'influence du commerce maritime, relativement à la force navale.

D'après le discours qui précède, il est facile de voir combien les peuples commerçants ont eu de puissance et pour conquérir et pour se défendre, lorsqu'ils ont cultivé le commerce extérieur et surtout le commerce maritime; combien aussi les peuples ont été faibles, lorsqu'ils ont négligé ces sources de prospérité.

On est frappé de la promptitude et de la facilité avec lesquelles l'Égypte des Pharaons fut conquise par les Assyriens, par les Perses et par les Grecs. Cette nation n'ayant pas de commerce maritime, et dès lors pas de force navale, elle ne pouvait pas arrêter les ennemis qui voulaient débarquer sur ses rivages; et bientôt elle devenait la proie du vainqueur.

Si les Grecs résistèrent aux armées innombrables de l'Asie, c'est principalement à leur force navale qu'ils durent ce bonheur. Sparte fut admirable aux Thermopyles; ses guerriers s'y couvrirent d'une gloire immortelle; qui l'oserait nier? Néanmoins Sparte n'arrêta pas les Perses aux Thermopyles. Sans la force navale, l'Attique une fois envahie, ses habitants auraient été forcés de vivre sous le joug : tôt ou tard le Péloponnèse aurait subi le même sort.

C'est, ai-je dit, au commerce, qu'il faut rapporter les victoires de Salamine et de Mycale. Je le répète encore, quoique des critiques superficiels aient regardé cette opinion comme un paradoxe.

Si les Hellènes ont remporté ces deux victoires, ce n'est ni par le nombre, ni par la grandeur de leurs vaisseaux, puisque leurs navires étaient moins grands et moins nombreux que ceux de l'ennemi; c'est par l'habitude des manœuvres, la supériorité de la marche, et l'intelligence des évolutions. Or, ces avantages, les Grecs les avaient acquis en naviguant pour le commerce; car, à cette époque, il n'y avait ni marine militaire permanente, ni escadres d'exercices et d'évolutions, indépendantes des moyens du commerce.

J'ai donc eu raison d'affirmer que c'était au commerce qu'étaient dues les victoires de Salamine et de Mycale.

Les Grecs sentaient si bien que la navigation et le négoce maritime étaient la principale source de leur supériorité sur les Perses, que, par un traité spécial, leurs ennemis se virent obligés de rester toujours à une certaine distance des côtes de la Méditerranée.

Aujourd'hui surtout, nous sommes étonnés de voir les Grecs, après tant de siècles d'abaissement et d'esclavage, briser fièrement leur joug, sans compter ni leur petit nombre ni la vaste population de leurs oppresseurs. C'est le commerce de la mer qui leur inspire cette audace. C'est la force navale qui leur fournit les moyens et l'énergie nécessaires pour soutenir avec gloire cette lutte, inégale en apparence.

Dans le moyen âge, nous voyons la cité de Venise s'accroître par le commerce; devenir une puissance redoutable, aussitôt que sa marine marchande acquiert un grand développement, triompher alors des forces de l'Orient, prendre Constantinople, et renouveler à Lépante les miracles de Mycale et de Salamine.

Nous voyons des pêcheurs s'établir dans les marais et sur les alluvions que la Meuse et le Rhin déposent à leur embouchure; s'élever par le commerce extérieur; briser le joug étranger qui pesait sur leurs têtes; triompher de l'empire espagnol qui s'étendait alors sur les plus belles contrées de l'Europe, de l'Amérique et de l'Asie; résister à toutes les forces continentales de Louis XIV, lorsqu'il avait atteint le faîte de sa puissance: enfin disputer, avec persévérance et succès, le sceptre de la mer, aux trois royaumes britanniques. Telle fut la puissance de la Hollande, aussi long-temps qu'elle cultiva le commerce maritime, en y portant la même activité et la même économie.

Parlerons-nous de la Grande-Bretagne?... Sous le règne d'Élisabeth, les vaisseaux du commerce, armés aux frais des villes commerçantes, défirent la Grande Armada, et capturèrent ou coulèrent à fond la plupart des vaisseaux de cette flotte qui ne devinrent pas la proie des tempêtes.

Dans les luttes prolongées de la France et d'Albion, l'Angleterre s'est toujours attachée à ruiner notre commerce maritime, bien sûre que, ce premier succès obtenu, elle triompherait tôt ou tard de notre force navale, et même de notre force continentale. L'expérience a prouvé que l'Angleterre a pensé juste *.

Efforçons-nous donc de donner au commerce maritime un grand développement, en l'honorant dans nos transactions intérieures, en le protégeant dans nos relations extérieures; en lui donnant toutes les facilités qu'il a droit d'attendre d'une politique favorable, libérale et prévoyante. Voilà ce que jamais je ne me lasserai de redire, dans l'intérêt commun de notre force navale et de notre puissance nationale.

* C'est ce qu'on a tâché de montrer, avec tous les développements nécessaires, en publiant la partie des Voyages dans la Grande-Bretagne, qui traite *de la Force navale*.

AVANT-PROPOS *

DU HUITIÈME DISCOURS.

LES peuples éloignés de toutes les mers n'ont rien à craindre des flottes de l'Angleterre; plus de peuples encore n'ont rien à craindre de ses armées; mais tous éprouvent, à chaque instant, l'action de son commerce, ou par des bienfaits, ou par des dommages. L'intérêt du genre humain est de connaître une industrie dont les succès et les revers ont, sur la destinée des nations, cette influence universelle. La grandeur d'un tel intérêt nous a fait redoubler de zèle et de travail, afin de rester le moins possible au-dessous d'un but trop élevé pour notre portée. Nous avons essayé d'approfondir la nature et les moyens d'une force commerciale étrangère, pour découvrir le principe de ses prospérités, importer ce principe dans notre pays, et l'offrir en même temps à toutes les autres contrées. Tel est

* Imprimé en 1823.

l'objet que nous voudrions atteindre , en publiant la troisième et la quatrième partie de nos *Voyages dans la Grande-Bretagne.*

Nous avons regardé comme utile de résumer en peu de paroles , les principaux résultats d'une pénible entreprise , et nous avons composé ce discours. Nous le faisons paraître , dans le dessein de présenter , aux hommes qui n'ont ni le temps ni la volonté de suivre un long ouvrage didactique , le petit nombre de faits et de pensées qu'il importe de fixer dans la mémoire et d'imprimer dans la conviction de tous les citoyens , pour arriver au bien public par la persuasion générale.

Pouvant chérir la patrie sans haïr les autres peuples , et ne pouvant oublier l'équité , même envers ceux qui trop de fois l'oublient à notre égard , nous voulions surtout montrer en eux ce qu'il est utile d'imiter. Sans doute il serait plus populaire de célébrer seulement nos belles entreprises , et les grands souvenirs qui sont l'héritage de notre gloire. « Il est aisé dit Socrate, par la voix de son plus éloquent élève *, de faire entendre et goûter au sein d'Athènes, le panégyrique d'Athènes. » Nous avons

---

* Platon, dialogue de Menexenos.

essayé d'y faire entendre le panégyrique de Sparte :
non par un lâche désir d'exalter qui nous envie,
pour nous ravaler nous-mêmes ; mais pour nous exciter à remporter des triomphes nouveaux, afin de
ne pas descendre de ce poste d'honneur où les travaux de nos pères ont élevé la patrie, entre les nations les plus illustres.

Nous n'avions pas compté vainement sur la noble
patience de nos auditeurs auxquels, sans le vouloir,
un critique a rendu le plus flatteur des hommages :
« On n'eût pas osé, dit-il, faire ainsi notre éloge,
en présence des plus illustres assemblées du peuple insulaire dont on nous vante les travaux. » C'est
avouer que ce peuple, s'il nous dispute la palme à
plus d'un égard, nous cède en générosité du cœur.

Au sein de la Société royale de Londres, nous
n'oserions pas, assure-t-on, prononcer l'éloge des
travaux de la France. Eh bien ! nous l'avons fait.
En 1817, dans le palais de Sommerset, où siége
l'académie qu'a présidée Newton, nous avons ré-
clamé, au nom de nos ingénieurs et de nos savants,
la première idée et le premier honneur des plus
beaux perfectionnements d'un art sur lequel l'empire britannique asseoit en partie la sécurité de sa
puissance : l'architecture navale. Pour noble ré-

ponse à cette réclamation, la Société royale a publié, dans ses Transactions philosophiques (année 1817), le Mémoire par lequel nous défendions ainsi les droits du génie français *. Alors, il est vrai, quelques journaux britanniques en ont fait un crime à cette illustre académie ; mais tous les esprits élevés et généreux ont rendu justice à la dignité si équitable d'un tel procédé.

Il ne faut pas croire qu'en Angleterre le public soit incapable de souffrir qu'on fasse devant lui l'apologie de la France, quand elle est dictée par le sentiment de la vérité. Nous l'avons osé faire, lorsque dans la chambre des pairs du parlement britannique, lord Stanhope a proposé de prolonger pour notre patrie les fléaux de l'occupation à main armée. Disons plus : s'il y eut de notre part le moindre mérite, en remplissant un devoir aussi naturel ; ce ne fut pas à publier en Angleterre la défense de la France et la menace de nos ressources ; mais à la publier sur le continent, en présence des baïonnettes étrangères et des passions européennes. Voilà quelle est l'anglomanie dont on peut nous accuser.

____

* *Mémoire sur le perfectionnement de la charpente des vaisseaux anglais.*

HUITIÈME DISCOURS,

PRONONCÉ LE 2 JUIN 1823, DANS LA SÉANCE PUBLIQUE DE L'ACA-
DÉMIE DES SCIENCES.

DU COMMERCE

ET DE SES TRAVAUX PUBLICS,

EN ANGLETERRE ET EN FRANCE.

Δικαίου πολίτου κρίνω τὴν τῶν πραγμάτων σωτηρίαν
ἀντὶ τῆς ἐν τῷ λέγειν Χάριτος αἱρεῖσθαι*.

Ολυνθιακ. τρίτος. Δημοσθ.

MESSIEURS,

Pour analyser avec ordre les éléments qui
composent la puissance britannique, on a d'a-
bord examiné les institutions et les travaux de
la *Force militaire* et de la *Force navale*. On a
montré les moyens offensifs et les moyens dé-
fensifs d'un pays que la nature a séparé du reste
de la terre, par les obstacles de la mer, et que
l'art nautique environne de remparts jusqu'à
présent inexpugnables; de remparts qui ser-

---

* Je juge qu'il est d'un vrai citoyen, de préférer le
salut des intérêts publics, à la faveur que procure un
langage adulateur: DÉMOSTHÈNES, 3ᵉ Olynthiaque.

vent aussi pour l'attaque, qui portent des armées d'un hémisphère à l'autre, et qui, près
des côtes les plus lointaines, trouvent encore
l'Angleterre....

L'ambitieuse et prudente Angleterre tient,
aux abords de tous les continents, des postes
avancés, qui, selon sa fortune, sont tour à
tour des points d'appui pour la conquête, des
centres de refuge pour la retraite, et toujours
des foyers d'entreprise pour un commerce qui
brave tous les périls et ne connaît aucun repos.

Arrêtons-nous à ce spectacle, sans exemple
dans l'histoire des nations.

En Europe, l'empire britannique touche à la
fois, vers le nord, au Danemarck, à l'Allemagne, à la Hollande, à la France; vers le sud,
à l'Espagne, à la Sicile, à l'Italie, à la Turquie occidentale. Il possède les clefs de l'Adriatique et de la Méditerranée; il commande à
l'issue de la mer Noire, comme à l'issue de la
Baltique. Un moment sa marine, arbitre de
l'Archipel, a cessé d'être adverse à la Grèce;
et, soudain, les ports du Péloponnèse ont retrouvé leurs libérateurs, dans la postérité des
Héraclides; et, de Corinthe à Ténédos, la
mer qui conduit au Bosphore, est devenue
pour les enfants des Argonautes, le chemin
de la victoire et d'une autre Toison-d'Or: l'in-

dépendance nationale! En Europe, l'empire britannique tolère cette conquête.

En Amérique, il borne la Russie, du côté du pôle; et les États-Unis, du côté des régions tempérées. Sous la zone torride, il domine au milieu des Antilles, cerne le golfe du Mexique, et se trouve en présence des nouveaux états qu'il a le premier soustraits à la dépendance de leur mère-patrie, pour les ranger plus sûrement sous la dépendance de son industrie mercantile. En même temps, afin d'épouvanter, dans les deux mondes, tout mortel qui tenterait de lui ravir le flambeau de son génie et le secret de ses conquêtes, il tient en sa garde, entre l'Afrique et l'Amérique, sur le chemin de l'Europe à l'Asie, le rocher où ses mains ont enchaîné le moderne Prométhée...

En Afrique, du sein de l'île consacrée jadis, sous le symbole de la croix, à la sûreté de tous les pavillons chrétiens, l'empire britannique impose aux Barbaresques le respect de sa seule puissance. Du pied des colonnes d'Hercule, il porte l'effroi jusqu'au fond des provinces du Maure. Sur les bords de l'Atlantique, il a bâti les forts de la Côte-d'Or et de la montagne du Lion* : c'est de là qu'il fond sur la proie li-

* Sierra Leone.

vrée par les races noires aux races européennes; et c'est là qu'il confie à la civilisation, les affranchis qu'il ravit à la traite. Sur le même continent, par-delà les tropiques, et dans la partie la plus avancée vers le pôle austral, il s'est emparé d'un abri, sous le cap des tempêtes. Aux lieux où l'Espagnol et le Portugais n'avaient aperçu qu'un relâche, et le Hollandais qu'une plantation, il colonise un nouveau peuple britannique; et joignant l'activité de l'Anglais à la patience du Batave, en cet instant, autour de Bonne-Espérance, il recule les bornes d'un établissement qui grandira dans le sud de l'Afrique, à l'égal des états qu'il a fondés dans le nord de l'Amérique. De ce nouveau foyer d'action et de conquête, il étend ses regards sur la route de l'Inde; il découvre, il envahit les stations qui conviennent à sa marche commerciale; et se rend ainsi dominateur exclusif des échelles africaines du levant d'un autre hémisphère.

Enfin, aussi redouté sur le golfe Persique et dans la mer Érythrée, que sur l'océan Pacifique, et dans l'archipel de l'Inde, l'empire britannique, possesseur des plus belles contrées de l'orient, voit régner ses facteurs sur quatre-vingts millions de sujets. Les conquêtes de ses marchands commencent en Asie, où s'arrêtèrent les conquêtes d'Alexandre, où ne put arriver le dieu Terme des Romains! Aujourd'hui, des rives de l'Indus aux frontières de la Chine, et des bouches du Gange aux sommités du Thibet, tout reconnaît la loi d'une compagnie mercantile, confinée dans une étroite rue de la cité de Londres.....

Ainsi, d'un centre unique, par la vigueur de ses institutions, et par l'état avancé de ses arts civils et militaires, une île qui, dans l'archipel Océanique, serait à peine comptée au troisième ordre, fait sentir l'effet de son industrie et le poids de sa puissance, à toutes les extrémités de quatre parties du monde, en même temps qu'elle peuple et civilise une cinquième partie qui suivra ses lois, parlera sa langue, et recevra ses mœurs et son négoce, avec ses arts et ses lumières.

Cette immense dispersion de colonies et de provinces, qui ferait la faiblesse et la ruine de toute autre nation, fait le salut et la force du peuple britannique. C'est parce que l'Angleterre est séparée de ses provinces extérieures, par d'énormes distances, qu'elle n'est point vulnérable avec elles; c'est parce que ces provinces se trouvent séparées l'une de l'autre, par d'aussi grands intervalles, qu'elles ne sauraient à la fois succomber sous les coups d'un seul adversaire. Les attaquer est difficile, les bloquer est impossible. En effet, pour satisfaire aux besoins de l'industrie, du trafic et du gouvernement, entre la métropole et des possessions dispersées sur les bords de toutes les mers, il faut, même au milieu de la paix, un grand nombre de navires; et ces navires, faisant voile au premier signal, vers le point menacé, y portent des renforts et des secours qui le rendent imprenable, soit par force, soit par famine.

Sans doute, en chacune de ses provinces lointaines, l'Angleterre ne saurait résister seule au voisin le plus puissant. Mais, partout, le plus formidable des peuples est, pour les autres, l'objet de l'envie, et d'une haine cachée sous la peur. Or une industrie savamment exploitée par l'Angleterre est l'art de changer en hostilité déclarée, la secrète inimitié des nations limitrophes. C'est encore un intérêt que lui rapportent les trésors de son négoce.

Quant aux peuples qui ne sont pas établis aux frontières de ses possessions, la sphère de leur action est bien plus rétrécie que celle de son influence. Aucun d'eux ne saurait soutenir la lutte avec la Grande-Bretagne, sur un champ de bataille également éloigné des deux mères-patries ; parce qu'aucun peuple n'a d'aussi grands moyens pour transporter rapidement, au loin, ses armes et ses défenseurs : telle est la supériorité de la Force commerciale. Un grand exemple rendra plus frappante cette vérité, qu'on n'a point assez reconnue.

On voit le peuple romain s'attacher à la terre, comme un mineur opiniâtre ; s'avancer à la sape, et de parallèle en parallèle, pour prendre, par degrés, tous les postes militaires de l'ancien monde. Il met huit cents ans à poursuivre le siége de l'Univers. Enfin, des obstacles insurmontables opposent leur barrière à ses envahissements. Sa force d'agression se brise devant la fuite du Parthe, et contre la résistance du Germain. Il s'arrète de lassitude, avant d'arriver à l'Indien. L'empire, alors, reste comme accablé sous le fardeau de sa grandeur. Sa défense exige des armées plus nombreuses que n'en avaient exigé ses conquêtes. Néanmoins, ces nuées de soldats, disséminées sur une immense frontière, sans voies, sans ressources rapides et faciles de transport et de concentration, se trouvent partout isolées et faibles. Les guerriers ne suffisant plus, il faut des fossés et des murailles, pour mettre l'empire des Scipions et des Césars, à l'abri d'un coup de main des Barbares! Mais ces barrières ne valent que par les hommes armés pour les défendre ; elles ne peuvent arrêter l'irruption violente des peuples les plus ignorants dans l'art de la guerre. L'empire, comprimé de toutes parts, se resserre plus vite qu'il ne s'était étendu ; il repasse par les limites de tous ses agrandissements, jusqu'à son entière destruction.

Avec une industrie commerciale et maritime, comparable à celle de l'Angleterre, Rome, au lieu d'immobiliser ses forces offensives, aurait rendu mobiles même ses forces défensives, les aurait portées à temps sur chaque point menacé ; et, partout, se serait montrée supérieure aux agressions isolées, intermittentes, des populations étrangères aux ressources de la civilisation. L'empire britannique a donc, en lui-même, un principe de résistance, qui manquait à l'empire des Romains : ce principe est celui de la *force commerciale*.

Il fut un temps où mesurer dans sa grandeur véritable, la puissance d'un peuple rival, et révéler cette mesure, eût fait voir, en l'ami de nos concitoyens, l'ennemi de leur gloire, et le contempteur de la supériorité d'une patrie qui voulait rester aveuglée ! Les complaisants

des nations, dangereux et corrupteurs, autant
que les adulateurs des rois , montraient aux
peuples du continent, la domination de l'insulaire, comme arrivée au bord de sa ruine,
et descendant enfin de sa hauteur ; alors même
qu'elle creusait des abîmes , pour y cacher les
fondements d'une force toute nouvelle...

Aux yeux du sage, la puissance des nations
est un fait, qu'il étudie, comme un naturaliste
étudie un phénomène , comme le géomètre
étudie les vérités mathématiques, pour en connaître les principes, et pour en découvrir les
conséquences. Telle est la philosophie qui doit
guider le voyageur, s'il veut donner à ses ré-
cits l'autorité de l'histoire ; ou plutôt, s'il veut
rappeler l'histoire à sa noble origine, la repla-
cer au rang des sciences d'observation, et la
rendre ce qu'elle était, au temps des Hérodote
et des Xénophon, des Polybe et des Tacite :
la science des choses et des lieux que soi-
même on avait vus *.

Ce que l'empire britannique, observé dans
cet esprit, doit de fortune à la force commer-

* Καθ' ἱστορίαν πλανᾶσθαι : *Ad visenda loca et mores hominum cognoscendos peragrare :* voyager en historien,
pour connaître les lieux et les choses, les hommes et
leurs mœurs. Telle était l'idée que Plutarque se faisait
du véritable esprit des voyages.

ciale, peu de mots ont suffi pour le faire comprendre. Mais quels moyens, quels travaux ont produit cette force elle-même? Des travaux pareils, des moyens analogues, pouvaient-ils élever d'autres peuples au même degré de puissance? Le peuvent-ils encore? Voilà ce qu'il nous importe de savoir : comme Français, pour l'avantage de la France; comme amis de toute l'humanité, par ce juste et généreux sentiment qui nous fait prendre intérêt, à la dignité, à la paix, à l'indépendance, au bonheur de toutes les nations, quel que soit l'endroit du globe où la nature ait placé le siége de leur patrie.

Inspirés par ces grands motifs, vous voudrez connaître les causes de la prospérité commerciale de l'Angleterre : gardez-vous de les voir uniquement dans les déceptions de la ruse, et dans les abus de la force.

Les succès obtenus dans le gouvernement des arts sont pareils aux succès obtenus dans le gouvernement des hommes. On peut y conquérir par la fraude, par la surprise et par la violence; on ne peut s'y soutenir que par des voies opposées. Ce n'est pas seulement le courage, l'intelligence, et l'activité; c'est la sagesse, et l'économie, et surtout la probité de l'homme industrieux, qui maintiennent la supériorité des productions et du commerce de son pays. Si jamais, dans les îles britanniques, l'utile citoyen perdait ces vertus, soyons certains que pour l'Angleterre, comme pour toute autre contrée, malgré la protection des flottes militaires les plus formidables, malgré la prévoyance et les secours de la diplomatie la plus étendue et de la politique la plus profonde, bientôt, les navires d'un commerce dégénéré, repoussés de tous les rivages, disparaitraient des mers qu'ils couvrent aujourd'hui des trésors de l'univers, échangés contre les trésors de l'industrie des trois royaumes.

Il faut pénétrer plus avant dans la connaissance d'un caractère auquel le commerce d'Albion doit ses prospérités les plus étonnantes. Observons ce caractère, imprimant l'impulsion à la pensée autant qu'à l'action des individus, excitant une ardeur irrésistible, insatiable, de devancer tout rival, et surtout d'écraser l'étranger, par une concurrence à la fois personnelle et nationale; eh ! quels moyens pour atteindre ce but? Une activité froide, continue, méthodique; une audace méditée, qui fait tenter au spéculateur, tout ce que la prévoyance, et je dirais presque la divination des calculs, montre comme ayant, au total, moins de chances de revers que de succès. Ajoutez à ces qualités, une persévérance dans les entreprises communes ou privées, qui tient à la stabilité des institutions, d'où naît, à la longue, la constance des caractères; et tant de vertus énergiques, exerçant sur les âmes une action dont le premier ressort est un esprit public inspiré par l'excellence de l'ordre public, et par la protection inviolable des lois les plus chéries.

A ces causes morales ajoutez encore des règles d'économie politique et domestique, favorables à tous les intérêts, stimulantes pour toutes les industries, encourageantes pour tous les talents.

Quant aux causes matérielles, nous placerons d'abord les voies publiques et les établissements qui facilitent les transports et les dépôts, soit à l'intérieur soit dans le voisinage des côtes *; l'art même des transports et celui des échanges; enfin, la création des produits d'industrie, qui sont la matière de ces échanges.

Nous commencerons par décrire les travaux exécutés dans le dessein de rendre, sur chaque point de la Grande-Bretagne, rapides, faciles et d'une faible dépense, les communications et les voyages du commerce intérieur;

---

* Tel est l'objet de la troisième partie des Voyages dans la Grande-Bretagne, intitulée ; *Force commerciale intérieure.*

travaux qui, pour ainsi dire, ont rapproché
des côtes et des ports, tous les centres de production établis par l'industrie, dans le sein
des trois royaumes; en même temps que les
progrès et l'économie de la navigation, rapprochaient ces royaumes de tous les continents
où peuvent aborder les pavillons britanniques.
— Après avoir suivi les trésors de l'industrie
anglaise, jusqu'aux rivages de la mer, par
toutes les voies des communications intérieures, nous les suivrons sur les vaisseaux, à travers les océans. Nous aborderons, avec la marine d'Albion, chez tous les peuples qui
trafiquent avec elle. Nous examinerons cette
lutte, en apparence pacifique, qui subsiste
sans cesse, entre le commerce de l'Angleterre
et celui des autres nations*. Chaque peuple
nous offrira le spectacle d'un nouveau genre
de combat. Nous verrons l'une s'élever à la concurrence par sa prudence et son économie; tel
autre par la délicatesse et le bon goût de ses
produits; un autre encore, par son audace et
son activité. Mais nous les verrons, la plupart,
devenir inférieurs et demeurer vaincus, pour
n'avoir pas su combattre avec tous ces moyens

* Tel est l'objet de la quatrième partie des Voyages dans
la Grande-Bretagne, intitulée : *Force commerciale extérieure.*

réunis. Alors nous connaîtrons ce qu'il y a de fortuit dans la grandeur maritime et commerciale de l'empire britannique, et ce qu'on trouve en elle, de prévu, de calculé, de nécessaire. Nous ne saurons pas seulement dénombrer les valeurs actuelles des ventes, et des acquisitions territoriales ou mercantiles ; ces données nous aideront à découvrir dans le passé, les conséquences qu'il aura sur l'avenir. Comme un disciple d'Archimède apprend à mesurer la stabilité des vaisseaux, d'après la connaissance de leur grandeur et de leur forme, suivant l'action de leur charge, de leurs voiles et de leur gouvernail ; ainsi nous apprendrons à mesurer la stabilité de la puissance britannique, d'après la connaissance de ses ressources physiques et de sa population, suivant l'action combinée de ses institutions et de ses lois.

L'ordre que nous adoptons dans l'examen de la Force commerciale de l'Angleterre, en commençant par étudier et décrire les travaux qui la favorisent et la développent au centre même de l'état, pour la suivre par degrés jusqu'aux rives les plus lointaines, cet ordre est le seul dont l'exemple doive être offert à la France. C'est l'intérieur qu'il faut avant tout vivifier, pour l'animer d'une énergie qui puisse ensuite, au dehors, nous mettre à notre place,

sur tous les points du globe, où notre indu-
dustrie commerçante ira répandre ses bienfaits.

Un tel ordre, cependant, est l'opposé de celui
qu'ont suivi les Anglais dans leurs efforts pour
s'emparer du négoce de toutes les nations :
ainsi nous l'apprend leur histoire.

Au commencement du dix-septième siècle,
l'Angleterre possède à peine des routes prati-
cables ; elle n'a point de canaux ; mais les mers
offrent des canaux, et des routes, immenses,
comme l'espoir et les désirs de l'Angleterre.
Dans les ports britanniques, l'art n'ajoute rien
encore aux présents de la nature ; et déjà la
reine Élisabeth a fait explorer l'univers par
les vainqueurs de la Grande-Armada ; déjà les
Anglais ont formé, sous les auspices de leur
illustre souveraine, la Compagnie des Indes
orientales, instituée pour exploiter un commerce connu, et la Compagnie des mers du
nord, instituée pour la découverte et l'acquisition des commerces encore ignorés. Ainsi le
peuple-roi, fidèle au culte de son ambition,
érigeait dans le Panthéon des divinités conquises, un autel aux dieux inconnus, c'est-
à-dire, aux dieux à conquérir.

Les troubles intérieurs qui suivirent de près
le règne d'Élisabeth, portèrent au dehors, avec
une ardeur nouvelle, l'énergie et l'activité des

citoyens industrieux ; et les échanges lucratifs du commerce extérieur furent considérés comme les sources les plus fécondes de la richesse publique et particulière, comme l'élément de la suprématie du peuple britannique. De là ces immenses efforts pour dominer sur la mer, et pour acquérir la prépondérance aux abords de tous les continents.

Mais une puissance ainsi jetée au delà du territoire qui lui servait de point d'appui, n'avait pas en elle-même les gages de sa durée, et les garanties de ses prospérités. La guerre pouvait lui ravir ce qu'elle devait à la guerre; et l'industrie maritime des puissances rivales, ce qu'elle devait à sa propre industrie maritime.

Un de ces génies qui naissent pour asseoir, sur de nouveaux fondements, la destinée des empires, un ministre qui serait sans égal dans son siècle, s'il eût été probe envers l'étranger, comme il le fut envers ses concitoyens, lord Chatham, entreprit de transplanter sur le sol même de la patrie, les racines de la puissance extérieure de l'Angleterre. Il voulut mettre la fortune des citoyens, et par conséquent la fortune de l'état, à l'abri des chances et des nécessités de la guerre. Toujours fidèle à ses engagements avec les particuliers, il osa faire, du crédit, une arme pour les combats. Il coalisa les forces individuelles avec la force publique, et la diplomatie des cours avec les ressources des arts ; afin d'attaquer, par toutes les voies, la puissance et la richesse des peuples rivaux. En un mot, la guerre elle-même, comme la paix et les traités, entreprise et poursuivie dans un but purement industriel, eut la victoire pour moyen, la conquête pour circonstance, le calcul pour auxiliaire, et le commerce pour objet principal.

Dans la salle où les corporations mercantiles de la cité de Londres tiennent leurs assemblées générales, j'ai lu sur le piédestal du monument érigé par leur reconnaissance, à la mémoire de Chatham, cette inscription qui m'a fait une impression profonde »

Au ministre qui, le premier, a découvert le moyen de faire fleurir le commerce et l'industrie, DURANT LA GUERRE, *encore plus que durant la paix!*

Il faut montrer les résultats de cette étonnante conception.

C'est sous le ministère de Chatham, au milieu même de la guerre de sept ans, qu'on voit commencer tous les grands travaux intérieurs utiles au commerce, et qui sont aujourd'hui l'admiration de l'étranger... Jusqu'en 1756, l'Angleterre n'avait pas une seule ligne de navigation artificielle; elle n'avait pour communications par terre qu'un petit nombre de routes mal tracées et mal entretenues. Tout à coup, un particulier conçoit la pensée de profiter du mouvement général imprimé à l'industrie, pour creuser un canal qui conduise à Manchester le produit de ses mines. Bientôt après, une ville qui prospère, et dont la richesse exubérante cherche partout des issues productives, Liverpool, s'élève à de plus hauts desseins. La première elle forme et voit se réaliser le projet d'ouvrir une voie navigable, entre la mer d'Irlande et l'Océan germanique. D'autres voies, plus étendues encore, sont par degrés établies; et, dans le court espace d'un demi-siècle, afin d'unir ensemble, des mers opposées, des bassins séparés par des chaînes nombreuses de collines et de montagnes, des ports opulents, des villes industrieuses, des campagnes fertiles et des mines inépuisables, un double système de canaux, pour la petite et pour la grande navigation, présente un développement qui surpasse mille lieues de longueur, sur une portion de territoire qui n'est pas égale au quart de la France.

On a voulu distribuer, dans la métropole de l'empire britannique, les eaux nécessaires à la vie des habitants, et le gaz qui produit cette lumière si brillante et si pure qu'elle apparaît en nos cités, durant les nuits les plus profondes, comme une aurore anticipée ! Pour remplir ce seul objet d'utilité générale, on a posé des canaux et des conduits qui, dès à présent, se ramifient dans une étendue de quatre cents lieues, sous le pavé de Londres.

Les communications à ciel ouvert sont l'objet d'une même sollicitude, et de travaux plus vastes encore. Les chemins existants déjà sont élargis et reconstruits avec plus d'art, entretenus avec plus de soin ; des voies nouvelles sont livrées au commerce, et l'on forme un système de routes dont la longueur totale est aujourd'hui supérieure à quarante-six mille lieues, dans la seule Angleterre.

Tandis que ces prodiges s'opèrent, des bassins, des ports sont creusés pour contenir les navires ; des môles, des jetées, des phares, nouvellement établis, augmentent la sécurité des abords, et l'abri de tous les mouillages, sur plus de six cents lieues de côtes. Grâces à ces travaux, en ce moment, dans les trois royaumes, vingt-deux mille trois cents navires marchands, montés par cent soixante mille hommes, et capables de porter deux millions de tonneaux de marchandises, suffisent à peine, au transport de côte en côte, à l'exportation

maritime du superflu de la circulation intérieure, et à l'importation des produits étrangers nécessaires pour entretenir cette immense
circulation.

Voilà le progrès dont l'origine remonte au
milieu de la guerre de sept ans; progrès que
la guerre si désastreuse contre les colonies
d'Amérique, a ralenti, sans pouvoir l'interrompre; progrès qui tout à coup s'est ranimé,
par l'abandon de ces mêmes colonies; progrès
qui, surtout, a pris une marche gigantesque,
durant les guerres si acharnées et si longues,
de la république, du consulat et de l'empire
français.

C'est ainsi que l'Angleterre florissait au dedans, lorsque ses sacrifices au dehors nous
semblaient accélérer sa ruine et préparer sa
chute. C'est ainsi que depuis la paix même,
entrant, contre tous les peuples, dans une
guerre d'industrie; animée de sa force commerciale intérieure, comme un être vivant
l'est de sa force vitale, elle a renversé tous ses
rivaux, à l'extrémité du nouveau monde ainsi
qu'au cœur de l'ancien. Une fois supérieure
dans cette lutte, elle jette son antique cuirasse,
et fait tomber les remparts de ses prohibitions*.

* Depuis 1820, le parlement britannique révoque

Elle ouvre ses ports aux étrangers et leur offre ses entrepôts *. Elle n'implore plus qu'une faveur de ses rivaux en industrie : c'est de descendre nuds comme elle, dans l'arène où ses exploits récents l'assurent de la victoire.

Qu'a donc fait l'administration britannique pour produire, en aussi peu de temps, des travaux publics qui seuls ont rendu possibles les grands résultats dont nous venons d'offrir le tableau ? — Rien... Elle a laissé faire au commerce, qu'elle a cru servir assez, en lui garantissant protection à l'extérieur, justice partout, et liberté dans l'intérieur. Elle a laissé les fabricants, les propriétaires et les négociants, à grandes, à médiocres, à petites fortunes, conférer entre eux sur leurs besoins mutuels, sur les ouvrages qui leur seraient utiles, enfin sur les moyens d'entreprendre et d'exécuter eux-mêmes ces ouvrages.

Ces travaux, qui procurent au commerce une prospérité nouvelle, ont en même temps l'avantage d'accroître en valeur la propriété foncière. Aux possessions territoriales que tout

successivement les plus odieuses restrictions des lois fameuses, connues sous le nom d'Actes de navigation.

* Par la loi relative aux entrepôts, Londres est destinée à devenir le rendez-vous des nations et le marché de l'univers.

le savoir humain ne saurait étendre par delà les bornes qu'a posées la nature, ils ajoutent des possessions industrielles, illimitées dans leur variété, leur richesse et leur grandeur : comme le génie. qui leur donne l'existence. Ainsi, durant le court intervalle de soixante années, l'industrie commerciale a créé des valeurs inséparables du sol, pour cinq cents millions sur les routes, pour un milliard sur les fleuves et les canaux, et pour un autre milliard dans tous les ports et sur les rivages de la mer.

Ce n'est pas seulement croître en opulence que de faire ces nouvelles acquisitions. En devenant propriétaires des canaux, des routes, des ponts, des bassins, des quais, et des entrepôts nécessaires au commerce, les citoyens prennent à la fois l'intérêt stable qui s'attache à la possession des biens immeubles, et l'intérêt mobile qui change ou d'objet ou de lieu, suivant les spéculations et les vicissitudes du commerce extérieur. Un autre bienfait encore est produit dans la Grande-Bretagne par ces créations de l'industrie.

Tandis qu'en Angleterre, d'antiques lois favorisent la concentration des héritages fonciers, dans un trop petit nombre de mains toutes-puissantes, il est d'autres mesures qui, pleines de sagesse, mettent souvent un terme à cet envahissement de la richesse pour les propriétés d'association : frein salutaire, établi dans la vue de réparer les pertes déplorables que fait, chaque jour, le nombre des habitants qui conservent une part dans la possession du territoire.

En louant l'heureuse division des propriétés que le commerce a produites, si nous voulons rester dans les limites montrées par l'expérience et commandées par la justice, il ne faut pas considérer en tout comme un fléau, la concentration des fortunes, même agricoles. Ainsi que la plupart des établissements imparfaits, consolidés par une longue existence, l'inégale distribution des richesses territoriales nous présente un mélange de biens et de maux, qui, grâce à la bizarrerie des hommes et surtout au vil calcul de leurs intérêts privés, donne des apologistes aux abus les plus révoltants, et des détracteurs aux compensations les plus heureuses.

En Angleterre, il faut le dire, l'immense fortune de quelques particuliers contribue puissamment à l'entreprise, à l'exécution des travaux d'utilité commune, qui demandent, aux sociétaires unis pour cette entreprise, et cette exécution, des avances considérables et de longs sacrifices. Les grands propriétaires ne sont pas les ennemis des perfectionnements et des inventions propices à l'industrie et favorables au commerce. Loin de porter envie aux succès de la classe laborieuse, ils engagent le peuple entier au travail, à la prévoyance, à l'économie, qui peuvent, en lui donnant l'aisance et le bonheur, le rendre indépendant et fier, comme doit l'être un peuple riche et libre *.

* Dans l'ouvrage que nous avons publié sous ce titre, *Système de l'administration britannique*, en 1822, après avoir fait connaître les beaux résultats des banques d'épargne, favorisées également, pour la classe ouvrière, par la classe opulente et par le gouvernement, nous ajoutons : « Ainsi le ministère britannique, dans le compte qu'il fait rendre de ses actes, de ses vues et de ses pensées, déclare à la face des nations, qu'il met au rang des bienfaits de l'ordre public et des prospérités sociales, non-seulement le progrès des arts utiles, et l'activité des manufactures, et les ressources du commerce, et le bonheur des classes supérieures qui dirigent les travaux ; mais aussi le développement de l'indépendance physique et morale des classes inférieures, qui exécutent ces travaux. Il aime à compter parmi ses titres de gloire, les moyens d'élever, d'exalter le caractère national, en rendant plus heureuse et moins servile, à tous égards, la condition des moindres citoyens. Sentiments dignes du ministère d'un peuple libre ! Sentiments qu'honorera de ses hommages tout homme qui met un prix à

Maintes fois, les grandes familles d'Angleterre sont descendues elles-mêmes dans les rangs de l'industrie, pour acquérir de nouveaux titres de popularité, d'estime et d'illustration. C'est ainsi qu'elles ont su produire des travaux d'utilité générale, qui semblent surpasser les moyens et les sacrifices d'une fortune privée.

Si vous parcourez les campagnes et les côtes de la Grande-Bretagne, vous découvrez en tous lieux, les monuments de cet esprit magnanime. Voulez-vous savoir quels ont été les créateurs de ce canal qui répand la vie et l'activité dans le voisinage et jusqu'au sein d'une grande ville manufacturière? — C'est un duc de Bridgewater qui conçut et mit à terme cette belle entreprise. — Quels sont les créateurs de cette route en fer qui conduit à dix milles de distance, les produits d'une mine et les voyageurs d'un pays, jusqu'au bord de la mer, dans un port artificiel? Et quelle société puissante a construit les formes, les bassins, les môles et les édifices de ce port? — C'est un duc de Portland qui suffit seul à ces vastes travaux.

la dignité de l'espèce humaine! Sentiments qui méritent d'être offerts comme des modèles, à tout gouvernement qui veut marcher sur la route des prospérités nationales!»

Si vous parcourez les plus belles cités de la Grande-Bretagne, vous trouverez de même, à chaque pas, des monuments d'utilité publique, élevés par la seule munificence de quelques particuliers opulents et généreux. Un simple marchand a bâti la Bourse de Londres. Un chevalier a construit à ses frais le grand aqueduc de la Nouvelle-rivière. Un Cavendish, un Bedford, ont créé sur leur propre terrain, dans les plus beaux quartiers de la métropole, des places aussi vastes que la place de Louis XV, des rues aussi régulières que la rue de Castiglione, et plus spacieuses encore que la rue de la Paix.

A la vue de ces nobles créations, vous demanderez, sans doute, à visiter les hôtels et les palais des patriciens, et des plébéiens à royale fortune, auxquels sont dus de si grands travaux publics. Eh bien! quand on vous indiquera les dehors et la situation des simples maisons qu'ils habitent, au sein de la capitale, vous aurez peine à distinguer leur demeure entre celles qui les entourent.

Ce contraste si frappant ne rappelle-t-il pas à notre pensée quelques traits de l'éloge prononcé par Démosthènes, sur les hommes fameux, dont les travaux, les vertus et la modération, répandirent tant d'éclat sur la florissante Athènes?

« Tels ils furent à la tête des peuples de la
Grèce, dit-il, en rappelant leurs services militaires et politiques. Or voyez, dans l'intérieur
de la cité, ce qu'ils étaient et pour eux et pour
l'état. Pour la patrie, ils ont fait de si vastes
travaux; élevé de tels édifices; construit, embelli avec tant de magnificence, un si grand
nombre de nos temples ; consacré dans leurs
sanctuaires, de si rares présents, des dépouilles
si glorieuses, qu'ils n'ont rien laissé à surpasser à la postérité.... Pour eux-mêmes, ils
furent si modérés, si fidèles aux mœurs de la
république, que si quelqu'un cherchait dans
la cité, les demeures d'Aristide et de Miltiade,
et des autres hommes illustres de leur temps,
il les trouverait simples et modestes; comme
celles de leurs moindres voisins. Car ce n'était
pas pour augmenter leur opulence qu'ils aspi-
raient à diriger l'état, mais pour accroître la
fortune publique. Loyaux envers les peuples
de la Grèce, religieux envers les immortels,
équitables envers leurs concitoyens; par une
voie si certaine, ils montèrent au faîte du bonheur et de la prospérité *. »

* Ἐπὶ μὲν τῶν Ἑλληνικῶν ἦσαν τοιοῦτοι· ἐν δὲ τοῖς κατὰ τὴν
πόλιν αὐτὴν θεάσασθε ὁποῖοι, ἔν τε τοῖς κοινοῖς καὶ τοῖς ἰδίοις.
Δημοσίᾳ μὲν τοίνυν οἰκοδομήματα καὶ κάλλη τοιαῦτα καὶ τοσαῦτα
κατεσκεύασαν ἡμῖν ἱερῶν καὶ τῶν ἐν τούτοις ἀναθημάτων, ὥστε

512

Sans doute, un si magnifique éloge, qui
n'appartint qu'aux plus beaux temps d'un siècle tout héroïque, ne peut s'appliquer qu'en
partie aux hommes puissants * de la Grande-
Bretagne; mais il rappelle du moins quelques-
unes de leurs vertus, et quelques-uns de leurs
efforts pour ajouter à la splendeur, à la richesse, à la civilisation de leur patrie.

Ce beau rôle de la classe opulente et privilégiée, ce patronage éclairé, ce patriciat véritable, ne pouvons-nous pas espérer de le voir
dignement rempli parmi nous ? Ah ! si la mémoire des bienfaits répandus sur la société,
par les Bedford et les Bridgewater, les Fox et
les Chatham, les Portland et les Cavendish,
s'unit avec toutes les idées de génie, de savoir

μηδενὶ τῶν ἐπιγιγνομένων ὑπερβολὴν λελεῖφθαι· ἰδίᾳ δ' οὕτω σώ-
φρονες ἦσαν καὶ σφόδρα ἐν τῷ τῆς πολιτείας ἤθει μένοντες, ὥςε τὴν
Ἀριςείδου, καὶ τὴν Μιλτιάδου, καὶ τῶν τότε λαμπρῶν οἰκίαν εἴ τις
ἄρα οἶδεν ὑμῶν ὁποία ποτ' ἐςὶν, ὁρᾷ τῆς τοῦ γείτονος οὐδὲν
σεμνοτέραν οὖσαν· οὐ γὰρ εἰς περιουσίαν αὐτοῖς ἐπράττετο τὰ τῆς
πόλεως, ἀλλὰ τὸ κοινὸν αὔξειν ἕκαςος ᾤετο δεῖν. Ἐκ δὲ τοῦ τὰ
μὲν Ἑλληνικὰ πιςῶς, τὰ δὲ πρὸς τοὺς θεοὺς εὐσεβῶς, τὰ δ' ἐν
αὑτοῖς ἴσως διοικεῖν, μεγάλην εἰκότως ἐκτήσαντο εὐδαιμονίαν.
ΔΗΜΟΣΘ. ΟΛΥΝΘΙΑΚΟΣ ὁ τρίτος.

* Tout en proclamant les belles actions et les grands
travaux de ces hommes puissants, nous ne dissimulons
pas, dans le cours de notre ouvrage, les faits qui dimi-
nuent à quelques égards la gloire de ces titres.

et d'éloquence, avec tous les sentiments d'amour du pays et de zèle pour le prince, avec tous les souvenirs de services rendus à l'industrie nationale, à la fortune des citoyens, à la puissance de l'état, n'avons—nous pas des noms également illustres à rappeler aux souvenirs de la France et du trône?

Les noms des Colbert et des Vauban, des Molé *, des Séguier **, des Malesherbes et des

* La France n'a point oublié que les plus beaux travaux publics d'une époque où nous avons élevé tant d'admirables monuments, au sein de la patrie et chez les peuples conquis, eurent un Molé pour directeur général. Si parmi les moindres travaux entrepris dans un but d'utilité, il pouvait nous être permis de citer nos voyages dans la Grande-Bretagne, et l'ouvrage qui en est le fruit, ce serait pour nous un devoir de dire, ici, qu'ils ont trouvé le plus noble encouragement, lorsque le comte Molé dirigeait le ministère de la marine.

** C'est une chose digne d'attention, que de voir, aujourd'hui, deux frères de ce nom; l'un qui préside à la justice, dans la première cour royale de la France, et qui sur son tribunal ne veut rendre que des arrêts; l'autre, consul général de nos intérêts, en Angleterre, et qui, dans ce poste important, ne veut rendre que des services : soit à notre patrie, pour l'enrichir de tout ce qu'il observe d'utile dans un pays qu'il connaît parfaitement, soit aux particuliers, aux négociants et surtout aux voyageurs français. C'est à ce dernier titre que je dois témoigner ma gratitude envers le baron Séguier,

d'Aguesseau, des Lauraguais, des Choiseul *
et des La Rochefoucault , tous ces noms ne
vivent-ils pas encore au milieu de la France?
Les travaux publics et l'industrie des citoyens,
ne s'honorent-ils pas encore de leurs secours?
Et les garanties de nos plus belles institutions,
n'ont-elles pas aussi pour soutiens la plupart
des familles que décorent ces noms ? Des familles qui rappellent à notre gratitude ces
pères du peuple et ces appuis du trône, qui,
L'Hôpital dans les conseils, Montausier à la
cour, et Sully dans les camps, comme à la
garde du trésor, consolidaient l'autorité su-
prême, par les directions de leur génie supérieur, et par la résistance tutélaire de leurs
austères vertus ! Non, certes, nous ne saurions
un seul instant soustraire à notre mémoire

pour la communication de ses lumières, de ses observations et de ses manuscrits, sur le commerce et sur l'administration de la Grande-Bretagne.

* On ne sait pas assez, parmi nous, que les routes
magnifiques , ouvertes , depuis la capitale jusqu'aux
points principaux de notre frontière, ont été faites la
plupart sous le ministère du duc de Choiseul, l'un des
premiers hommes d'état du dix-huitième siècle; de ce
siècle qui, dans le cours d'une seule génération, fit voir
en trois autres ministres, Turgot, Necker et Malesherbes, autant de talents et plus de vertus, que dans les mi-
nistères des époques les plus brillantes de la monarchie.

des noms qui, dans les annales de notre renommée, s'allient inséparablement aux souvenirs de tous nos grands travaux, de tous nos monuments, et des plus beaux traits de notre caractère national. C'est à l'exemple des illustrations antiques, de tracer la carrière aux illustrations modernes; et jamais cet exemple ne restera stérile, sur une terre où l'honneur est le premier des biens et le plus noble des salaires.

A côté des souvenirs qu'a laissés parmi nous la grandeur patricienne, rappelons avec un même orgueil, pour la renommée de la France, les œuvres bienfaisantes et les patriotiques entreprises des Jacques Cœur, des Riquet, des Laborde, des Beaujon, des Turgot, des Necker, et de tant d'autres hommes, qui, conquérant leur gloire à des époques plus récentes encore, ont consacré par leurs travaux, leurs mœurs et leur génie, les titres de leurs familles, et le rang désormais historique de leur postérité.

Mais ne cherchons pas seulement pour la patrie, des splendeurs isolées, et des célébrités héréditaires. Étendons nos regards, avec une égale faveur, sur toutes les classes de la société; cherchons à répandre un généreux esprit d'association tourné vers l'entreprise des travaux utiles à la patrie. Alors nous verrons se former des liens d'intérêt commun, d'amitié privée, d'estime particulière, entre tous les rangs, au milieu de tous les partis ; et peut-être la concorde publique, avec la fortune et la force de l'état, seront la conséquence moins éloignée qu'on n'oserait l'espérer, des rapprochements et des associations dont nous voudrions pouvoir, en cet instant, montrer dans tout leur jour, les immenses bienfaits.

Ceci n'est point une vaine utopie. Chez le peuple dont nous étudions les prospérités, une expérience grande, éclatante, a montré le pouvoir de ces occupations fortunées, pour adoucir l'âpreté des passions politiques, et ramener la paix intérieure par le bien-être général. Après la révolution de 1688, après la rébellion de 1745, que de plaies saignaient dans tous les cœurs, et que de souvenirs divers ulcéraient toutes les âmes ! Alors survint une utile diversion. Les citoyens de toutes les classes, conviés par un gouvernement habile, à tourner l'ardeur concentrée qui dévorait les esprits, vers des objets d'utilité commune, firent trève à leurs cruels discords. Des Whigs et des Torys s'entendirent, d'abord, sur l'amélioration du cours de quelque fleuve, sur la direction de quelque route, sur la création de quelque port. Chaque parti s'aperçut, avec étonnement, qu'il n'était pas vrai que lui seul eût voulu le bien général, et la gloire de l'état, et la fortune publique. Chacun garda, sans doute, l'attitude sociale où le plaçaient son caractère et ses idées; les uns continuèrent de servir la patrie à l'ombre majestueuse de la prérogative, et les autres aux clartés de leurs vertus populaires. Mais, ces rivaux citoyens, plaçant avant tout l'amour du pays, uni dans leur cœur au dévouement pour le prince, un tel sentiment devint dans les âmes, la source d'une heureuse sympathie; la tolérance entra dans les croyances politiques, comme elle était entrée dans les croyances religieuses; et l'Anglais, en peu d'années, affranchi de l'état humiliant d'un peuple vaincu, non-seulement hors de chez lui * par des héros français, mais sur son propre territoire, et par des montagnards sans expérience, s'élève à l'état glorieux ** d'un peuple qui dicte au continent, les lois de la guerre et de la paix. Tant est grande au dehors, la prépondérance d'un empire qui fait

* A Fontenoy.

** Si les Anglais sont aujourd'hui déchus de cette gloire, cela tient à des causes étrangères au commerce, et que je tais pour cette raison.

fleurir l'industrie et le commerce, au foyer vivifiant du patriotisme et de la concorde !

Si nous invitons nos concitoyens à suivre la route où, depuis un demi-siècle, l'Angleterre a marché pour son bonheur et sa fortune, ne croyez point, Messieurs, que nous veuillons par-là faire descendre la France au rôle subalterne d'imitatrice. Sur le grand intérêt qui nous occupe, comme sur tout autre intérêt, public ou particulier, la France, loin de les recevoir a donné les exemples de ce qu'il est beau d'entreprendre. Les étrangers ont dû commencer par l'imiter; pour s'efforcer d'atteindre à sa hauteur, et si parfois ils l'ont surpassée, c'est alors seulement qu'elle a cessé de s'imiter elle-même. Mais, au lieu de louer la patrie avec de vaines paroles, laissons parler les faits.

Le moyen âge était barbare encore, et déjà Charlemagne apprenait à son siècle, qu'un canal ouvert entre les sources rapprochées du Danube et du Rhin, pouvait unir l'Euxin à l'Océan, et le nord de l'Europe à l'occident de l'Asie. Henri IV est le premier, chez les modernes, qui passa de la conception à l'exécution, pour joindre par un canal, des bassins que sépare une chaîne de montagnes. Du même génie dont il méditait l'alliance des rois pour

le bonheur des nations, il méditait l'alliance
des mers pour la prospérité des continents,
lorsque l'assassinat vint trancher le cours de
ses projets qui traçaient à l'Europe, la véritable route de la civilisation, et des prospérités sociales. Deux générations de grands
hommes, sous son fils et son petit-fils, suffisent à peine, pour réaliser la moindre partie
de ses desseins *. Les ouvrages admirables,
entrepris durant son règne, pour joindre
la Seine à la Loire, ces travaux interrompus
trente années, depuis la disgrâce de Sully,
c'est-à-dire, depuis les funérailles de son royal
ami, Richelieu les conduit à terme. Richelieu

---

* On sera curieux sans doute de voir les desseins de
Henri IV, sur les travaux publics et sur la navigation,
transmis à la postérité, dans une pièce de vers qu'on
trouve parmi les Mémoires de Sully :

> Henry dont les vertus n'eurent point de pareilles,
> Qui ne cessoit jamais de faire des merveilles,
> Quand il eut établi la France en liberté,
> Voulut, par actions dignes d'éternité,
> Établir des lecteurs, lever des librairies,
> Réparer tous les ponts, les pavés, les voiries,
> Dessécher les marais, évacuer les eaux,
> Conjoindre les deux mers, faisant divers ruisseaux,
> Et couper monts et rocs avec un tel mesnage
> Qu'on auroit admiré l'inventeur et l'ouvrage.

(1er. vol. *Économies royales*, tome I, p. 616, édit.
in-folio. Amsterdam.)

révèle aux monarchies européennes, tout l'avantage national, de concéder aux citoyens, le domaine et l'exécution des voies intérieures de la navigation artificielle. Colbert, dans les beaux jours d'un règne qui lui dut tant de splendeur, fait voir aux peuples modernes, comment on peut réunir l'Océan à la Méditerranée, en favorisant le zèle et laissant agir le génie d'un simple particulier * ; et le grand Corneille immortalise, par des chants dignes du siècle d'Auguste, la grandeur de ces travaux !

Enfin, Louis XIV, législateur de ces mêmes travaux, ordonne qu'un jury composé des plus notables habitants, accordera par un arbitrage conciliateur, tous les différends à naître sur la propriété de la nouvelle voie publique et des biens limitrophes ; et, cent ans plus tard, l'Angleterre, retrouvant là le génie de ses lois, s'est honorée de suivre cet exemple.

Eh ! nous, mes chers concitoyens, nous Français ! serons-nous les moins empressés à suivre les exemples légués à la postérité, par les beaux règnes de Henri IV et de Louis XIV ? Laisserons-nous l'étranger jouir, plus que

---

* De Riquet, si bien secondé par l'expérience et les talents d'Andréossy.

nous-mêmes, du plagiat d'une prospérité inventée par nos ancêtres? et ne ressaisirons-nous point une des palmes de notre gloire héréditaire?

Nous la ressaisirons: déjà des succès obtenus par d'utiles citoyens, autorisent cette espérance. Une simple compagnie vient d'achever, avec rapidité, l'un de nos plus beaux monuments : le plus grand, le plus hardi de nos ponts, jeté sur la Gironde, pour la cité de Bordeaux, le Liverpool du midi. Une autre compagnie va joindre par une route en fer, les ateliers, les usines et les fabriques de Saint-Étienne, avec les rives du Rhône, au voisinage de Lyon; afin d'ouvrir une communication digne de notre industrie, entre le Birmingham et le Manchester de la France. Aux portes de Paris, trois compagnies ont entrepris trois canaux; et d'autres sont formées, dans le même dessein, sur d'autres points de notre territoire.

En contemplant ces travaux, si dignes d'éloges, nous croirions-nous déjà voisins du terme de nos efforts? Jugeons-en par l'avance de nos émules. Nous allons avoir cinq lieues de routes en fer, et nos rivaux en ont cinq cents; nous allons avoir, dix, quinze compagnies pour des navigations artificielles, et nos rivaux en ont cent..... Chez nous, l'autorité se voit encore dans la nécessité d'exécuter elle-même, à plus grands frais et lentement, des travaux que des particuliers, unissant leurs moyens, entreprendraient avec tant de succès, s'ils en avaient la noble ambition.

Certes, c'est du fond de notre cœur, que nous rendons, avec toute la France, des actions de grâces au pouvoir, lorsqu'il supplée, autant qu'il est en ses efforts isolés, au génie d'entreprise, à l'émulation laborieuse qui devraient animer l'universalité des citoyens. Mais un plus grand service à rendre, c'est * d'encourager, c'est d'exciter dans les âmes, ce génie productif et cette émulation générale, et cette combinaison, cette harmonie d'efforts individuels, qui changent la face d'un immense territoire, en faisant de toutes parts naître, à la fois, les prodiges des arts et de la civilisation.

O mes compatriotes, c'est au nom de la gloire, si chère à tous les cœurs magnanimes, que la France elle-même vous convie à la lutte nouvelle où des victoires illustres, bienfaisantes, vous attendent. Jadis, au temps des justes défenses, nous avons dompté des peuples aggres-

---

* C'est aussi de faire disparaître cette foule d'entraves obscures mais puissantes, tristes vestiges de tous les despotismes que nous avons subis depuis trente ans.

seurs, et pour vengeance immortelle, repre-
nant l'œuvre des Pharaons, des Césars et des
Rois, nous avons enrichi les bords du Nil
et du Tibre, et du Rhin, par des monuments
consacrés au bien-être des vaincus. Surpassons,
dans nos travaux pour la patrie, nos travaux
pour l'étranger. Sachons être grands et par
nous et pour nous-mêmes. Ne laissons point la
fatigue de tout faire, en notre faveur, à la
main qui nous régit. Osons disputer avec elle,
d'habileté, de vigueur et de constance, pour
triompher des obstacles de la nature, et l'asservir à nos besoins sociaux. Voilà des conquêtes
dignes du plus civilisé des peuples, dignes de
l'ambition des plus éclairés d'entre les hommes;
et, tous, nous pouvons prendre part à ces conquêtes, selon les moyens grands ou faibles de
notre fortune ou de notre talent; afin d'acquérir un honneur collectif et national, au milieu
duquel s'élèveront des renommées dont s'énor-
gueillira la France.

Pour montrer par le précepte de l'exemple,
les avantages immenses d'une voie d'association dans laquelle nous essayons avec peine des
pas encore incertains, je ne puis redouter d'offrir à vos regards, le spectacle d'une rivalité
qui sert également les nations fameuses et des
hommes illustres, en les élevant au-dessus

d'eux-mêmes, par la nécessité de l'emporter sur leurs émules. Retracez dans votre pensée, comme un modèle digne de vous, nobles enfants de la France, cette émulation toute héroïque source d'immortalité pour le grand Athénien dont le génie fut l'honneur et le salut du peuple même que vous faites revivre en sa magnanimité comme en son charme social, par l'humanité des mœurs, par l'atticisme de l'esprit, et par l'amour de la gloire. Sans cesse, ô Thémistocle, une voix intérieure importunait votre sommeil et vous arrachait au repos, en vous rappelant les trophées de Miltiade, jusqu'à l'instant où vous l'eûtes surpassé par de plus beaux triomphes; puisse ma faible voix acquérir cette importunité, pour éveiller, exciter ma patrie, tant qu'elle n'aura pas surpassé tous les travaux de son infatigable rivale!

Gardons-nous de penser, un seul instant, que ces victoires soient impossibles à notre persévérance. Je viens de le montrer, messieurs, autant l'Angleterre est en avance aujourd'hui, autant, il y a cinquante années, elle était en arrière de la France, et dans l'entreprise et dans l'exécution des grands ouvrages utiles à l'industrie, indispensables au commerce. Ce qu'elle a fait durant un demi-siècle, nous pouvons le faire, plus promptement encore. Nous pouvons reprendre notre rang, en profitant de son expérience, comme elle a su profiter de la nôtre. Osons vouloir. Ni l'ardeur et l'activité, ni la science et le génie, ne manquent à notre heureux pays. Notre territoire est plus vaste, notre climat plus beau, notre sol plus fertile. Une immense frontière et deux mers, ouvrent leurs débouchés aux produits des entrailles et de la superficie de notre terre. Mais nous manquons encore, pour arriver à ces limites, de communications intérieures assez nombreuses, assez aisées, assez économiques. Sachons les entreprendre, avec les efforts combinés et les sacrifices communs d'un grand nombre de citoyens. Je dois le dire, une dernière fois : en nous livrant à ces travaux d'association, nous cimenterons l'alliance de toutes les classes de l'état, et des individus de chaque classe; et nous marcherons d'un même pas, à l'agrandissement de la force physique, à l'affermissement de la puissance morale de notre patrie.

Efforçons-nous d'atteindre ce but, avant d'arriver au terme de notre carrière. Les hommes de notre génération, suivant le cours ordinaire des mortalités humaines, ont quelques années à vivre. Fasse le ciel, qu'au déclin de leurs jours, ils puissent dire à la génération qui les remplacera : Nous avions reçu de nos pères, une France appauvrie, agitée, déchirée; recevez de nous une France couverte de monuments d'utilité publique, érigés par notre industrie; exubérante de richesses, produites par notre travail; plus riche encore, en vertus, en concorde, en magnanimité. Transmettez à vos neveux cet héritage, agrandi par vous comme il le fut par nous-mêmes; et puissent d'âge en âge, tous les peuples de la terre, éclairés par notre savoir, enrichis par notre industrie, améliorés par nos exemples, répéter pour la France, ce vœu qu'un grand homme mourant formait pour sa propre patrie : *Esto perpetua !* Qu'elle soit immortelle!....

FIN DU PREMIER VOLUME.

TABLE DES MATIÈRES.

[illegible]